教育部人文社会科学研究西部和边疆地区项目青年基金项目
"刑法典再法典化立法问题研究"（22XJC82003）
四川师范大学学术著作出版基金资助
四川师范大学法学学科出版资助

我国国家立法权配置研究

孔德王　著

法律出版社
LAW PRESS·CHINA
北京

图书在版编目（CIP）数据

我国国家立法权配置研究／孔德王著. -- 北京：法律出版社, 2025. -- ISBN 978-7-5244-0310-4

Ⅰ. D920.0

中国国家版本馆 CIP 数据核字第 2025W2L909 号

我国国家立法权配置研究
WOGUO GUOJIA LIFAQUAN PEIZHI YANJIU

孔德王 著

责任编辑 柯　恒
装帧设计 鲍龙卉

出版发行　法律出版社	开本　A5
编辑统筹　学术·对外出版分社	印张　7.125　　字数　159 千
责任校对　王晓萍	版本　2025 年 6 月第 1 版
责任印制　胡晓雅　宋万春	印次　2025 年 6 月第 1 次印刷
经　　销　新华书店	印刷　北京新生代彩印制版有限公司

地址:北京市丰台区莲花池西里 7 号(100073)

网址:www.lawpress.com.cn　　　　　销售电话:010-83938349

投稿邮箱:info@lawpress.com.cn　　　客服电话:010-83938350

举报盗版邮箱:jbwq@lawpress.com.cn　咨询电话:010-63939796

版权所有·侵权必究

书号:ISBN 978-7-5244-0310-4　　　　定价:68.00 元

凡购买本社图书,如有印装错误,我社负责退换。电话:010-83938349

序

国庆前孔德王老师来信嘱我为他新著作序，我既觉荣幸，更感忐忑。孔德王君与我为同辈学友，又长我两岁，贸然应允恐怕不免僭越。但既因学术相交，宪法与真理面前又人人平等，彼此关心的问题还重合颇多，这是不可多得的缘分。我在"明德公法网"服务时，虽曾推送他的作品，但无缘得见；在豆瓣上关注到志趣相投的神秘学友，聊起来后方才后知后觉；至川中旅行时，终于得一顿火锅一盏茶的工夫畅谈学术与人生。学兄既然不循规蹈矩，我又何必矫情推脱，只是还要发挥"解释学"专长，将"序""解释"为"评论"吧。

作者邀我评论，除了共同关心人大与立法的缘分，更因为面对相同的主题，我们似乎有方法上不同的标签，可谓同中有异。作者援引的制度主义分析方法是政治学研究中的主流方法，结合法律条文与实例分析，"着重描述和探究立法制度的实际运作状况"。我虽学力有限,可秉持宪法解释学的基本立场,自然对宪法文本颇多执着,醉心于实定宪法打造的应然世界。但我反感喧闹中以智识、审美甚至趋势为名粗暴地讨论方法问题,相信真诚的研究者对方法的选择有基于自身学术旨趣的用意。书中每见"静态的宪法文本不足以反映动态的制度实践",这是作者心心念念,又何尝不是吾辈所共见,但转念想,或许也是规范与现实间张力的本来常态。

当然,方法上的歧见也没有那么重要,因为真正值得认真对待的是言之有物的提问,与基于适配方法的妥当回答。换言之,提何种问题便当用何种方法。问基于规范,一事是否当为,是否得为,这自然是解释学的问题;而若问事实与规范为何出现背离,又当如何规范,则不能止步于规范自身,而当知其所寄身的情境,所牵系的因果,自然也就涉及更多的学科方法。只要我们虔诚于审慎问答,对学术抱有谦虚的态度,拓展认知,知所当为便是当然之理。某种意义上,时至今日,乃至于未来相当长的时间,好的研究恐怕仍然比好的方法更加稀缺。毫无疑问,本书究实践之道理,发从前所未知,极大增进了作为读者的我对于国家立法权配置的理解,我认为本书无愧为这一领域的好研究。

本书在国家机构法研究方法论上的推进,在于较为系统地运用历史制度主义的研究路径,为理解制度变迁提供了有力解说;对国家机构法一般理论上的贡献,在于强调"职权—机关—组织"的链条,细致考察了立法权配置的组织基础;之于国家机构法各论,具体在人大制度层面,则通过对微观的组织机构层面的讨论,打开立法者行动的黑箱,照见立法权配置的内部世界。借由中国独特的国家立法权配置体制,作者为国家机构研究开辟了更多可能性。从小处着眼,本书为探究人大制度逻辑、完善立法机制的思考注入新流;往大了说,本书也展现了引入历史制度主义的进路可以为宪法研究提供何种洞见。

此般判断并非虚言,读者通览各章,可得颇多印证。本书前两章分别从比较法和本国历史视角,对我国国家立法权的配置予以定位,可谓是国家立法权配置模式的"纵剖横切";第三章直入论题核心,分析国家立法权配置的组织基础,这也是本书在切入视角上的亮点所在;第四章则较前章分析更为动态,通过考察全国人大与其常委会立法权行使的实践,分析其运作;第五章整理逻辑,收束全书,提出制度建构调整之建议。

第一章的比较分析未拘泥于比较法上的制度细节,而是凸显了我国立法权配置在观念构型层面的特殊性。分权原则指导下的立法权配置往往是基于相互制衡的理念,而我国"贯彻的是民主性与有效性并重的宪法理念"。这成为作者思考立法权配置的基本框架,更关涉立法权配置的根本问题。如第四章末尾作者提出的,"如何调和民主与效率之间的矛盾,建设一个既正当又有效的最高立法机关和立法体制,是摆在政学两界面前的重大宪制问题。"尽管作者对"全国人大及其常委会的制度建设和发展方向长久以来都偏重于效率逻辑,在一定程度上不够重视民主价值"的现象绝非没有察觉,但或许其心中的答案早已于第一章浮现——"分工与效率才是我国国家立法权配置的核心原则"——而这当然与作者对于立法制度变迁史的解读有关。

第二章对历史的处理既显现了方法论上的立场,也令作者搭建的认知框架更加清晰。在最一般的层面,他引用诺斯的观点——"只有在制度演化的历史话语中,才能理解过去。"这也与学界晚近诉诸历史主义范式的努力相契合。作者指出国家立法权的"历史变迁……是模仿和适应双重力量作用的产物"。这一论断既符合我国宪法制度建立运行的历史,对现实也具有解释力。更进一步,作者强调"先前的制度选择能够对后续的选择产生深刻影响……限制甚至锁定后续的制度选择"。类似论断在全书反复出现,不仅是一种对历史经验的概括,也暗藏了作者对于立法权配置的历史演进以及蕴藏其中的制度理性的体认。作者将历史变迁中呈现出的权力转移趋势与本土实践的深入发展结合起来,不乏洞见地指出"提升立法效率则是驱动我国国家立法权配置重心转移的深层动因"。面对立法重心从全国人大到其常委会的转变,虽然作者的遣词是"不得不承认",但他显然认为历史实践中形成的路径依赖具有"深厚的现实合理性",某种意义上彰显了"更可取的选择"。

在洞悉历史趋势之后,第三章直击职权配置的组织基础。此章也是最显现作者理论推进的一章。作者明确提出,"应当从传统的'职权—机关'维度,进一步拓展到组织层面,遵循'职权—机关—组织'的思考路径。"基于这一进路,作者分析了常委会所以成为立法效能更佳的机关的原因,并强调其对于全国人大立法本身的促进作用。他提出,"组织制度的发展水平以及组织化程度的高低是影响全国人大和全国人大常委会立法表现的关键。"作者对影响立法能力的全国人大主席团、代表团、专门委员会,以及全国人大常委会委员长会议、法制工作委员会作了详尽考察,可谓是对全国人大制度组织的深描。这一考察为功能主义的国家权力配置原理提供了绝佳样本,也突出了全国人大常委会在立法权行使上的比较优势。

不过,作者的分析仍然可以继续完善。其一,在本章开始之初,作者提出既有研究"无法充分说明为何改革开放以来全国人大常委会立法能够取得如此亮眼的立法成绩",这一结论实则蕴含了对于立法表现的判断。尽管数十年来国家法制取得长足进步，但立法成绩，尤其是其民主性与科学性得到了何种程度的实现，仍然值得思考，即便在描述意义的"可测度"水平上也需要进一步提高。全国人大与其常委会在组织层面的特征与之存在的复杂关联，需要得到更全面的说明。其二，作者对组织基础的分析范围也可以进一步拓展。比如，宏观层面，人大系统在整个国家机构体系中的地位、立法工作在党和国家制度体系中的地位等因素，都直接作用于立法机构的能力与资本；而微观层面，涵盖人事制度在内的干部/公务员制度、人大制度内部党组织的设置与决策机制，也都会对立法效能有一定影响。简言之，本书的讨论仍然有向更大系统与更小单元延伸的空间。

第四章观察先行审议实践，是最有实践感，也是视角与新知最为亮眼的一章。本章没有纠结于学界既往以"基本法律/法律"二分探讨立法权配置的思路，而是用已逐步制度化的立法形态——先行审议制度——巧妙地串联起全国人大与其常委会在立法过程中的不同角色，分析了二者之间立法权的消长。这一视角的选择本身就体现了作者对于立法制度的深刻洞察。作者在细致分析历史与实例的基础上，探讨了先行审议制度的正面效用，包含提高立法质量、加快立法速度、扩大人大代表参与度、增强立法公开性等；同时，也指出了若干问题，比如引起了全国人大及其常委会实质决策权的消长、实质上限制了人大代表的提案权等。此种从程序、机制视角分析立法权限的思路，有以小见大、从微知著的妙处。当然，如能进一步细化，在解剖麻雀的同时，也建构起对立法权行使过程一般性框架的讨论，如对立法过程中的程序性权力、立法形式的选择权、实质的立法决策权等予以分单元、类型化的分析，则势必可以将从先行审议中得出的结论进一步一般化，从而推进相关理论框架的更新。

第五章开头便指出,兼职代表制"不仅沉淀为我国人大的制度传统与制度特色,而且已经形成了路径依赖"。笔者当然同意这一判断,但结合作者第二章中所体现的历史意识,也不免为之感到担忧。作者反复确认的诸多历史演进中形成的路径依赖是一种客观事实,但其是否就因此得以正当化,并值得我们"放任"其固化?当我们不断重述这种"路径锁定"的同时,是否也容易丧失了对制度发展的想象力,乃至于排除了许多其他因素本应发挥的作用?令人感到欣慰的是,作者绝非在现实面前放弃武装,仍然抱持了批判性的态度。从他提出的具体制度方案中,可以看出试图平衡民主性与效能性的考虑:扩大常委会规模、优化常委会组成、改革常委会组织的建议,可谓切中肯綮;设立程序委员会、调整专门委员会的立法管辖范围等主张,也体现了对制度细节的敏锐把握。这些"不变权力配置变程序"的努力,在作者引述的"在有效性中累积合法性"、在历史惯性中寻求制度改进的稳健立场下,以程序细节牵动权力结构,为我们创造了想象与拓展的空间。

除了对直面历史与现实的态度的反思外,笔者更想指出的是,规范中蕴含的规范性要求,也是制度得以发挥功能所不可或缺的内生性组成部分。宪法制度本来就是由宪法规范及其背后的政治理想所构建的,在这个意义上,制度分析不应也无法忽略规范与规范性问题。作者强调的国家立法权配置中的民主性要求,不仅是自外于既存制度的某种外部评价而已。

应当说,本书研究为我们揭示了在宪法文本规定的国家立法体制下,实践中为何会出现某种权力重心的转移,阐释了其中蕴藏的历史与制度理性;也探讨了在全国人大常委会实质扩权的宪制结构中,如何重点在程序上完善立法权的运行机制,从而平衡民主与效能的要求。本书从《中华人民共和国宪法》第 58 条的规定出发，以全国人大及其常委会为中心展开了对国家立法权配置的研究，其中许多观察、思考、洞见与论断，对于关心人大制度者，特别是关注人大内部的全国人大与其常委会关系的我来说，可谓得遇知音。不过，除了继续向内深挖，如果我们调转方向，在更外向的部分，其实也存在与国家立法权息息相关的命题：立法权与法律解释权的关系、国家立法权所指向的法律制定权与更一般的立法权的关系、司法解释制度的造法功能等。这些命题跟国家立法权配置绝不仅是在语词层面存在关联，而同样是可由本书开启的研究继续探讨的方向。

本书是孔德王君的第一本著作，是国家立法权制度研究的新篇。我愿作他忠实的读者，并期待更多精彩的研究。

钱　坤

2025 年 2 月

目 录

绪　论 / 1

第一章　比较视野中的我国国家立法权配置 / 30
　　导　论 / 30
　　第一节　一院制立法机关的国家立法权配置 / 33
　　第二节　两院制立法机关的国家立法权配置 / 36
　　结　语 / 50

第二章　我国国家立法权配置的历史变迁 / 53
　　导　论 / 53
　　第一节　我国国家立法权配置的原型：苏联1936年宪法 / 55
　　第二节　1954年宪法框架下的国家立法权配置 / 58
　　第三节　1982年宪法框架下的国家立法权配置 / 64
　　结　语 / 76

第三章　我国国家立法权配置的组织基础 / 81
　　导　论 / 81
　　第一节　全国人大的立法职能机构 / 85

第二节 全国人大常委会的立法职能机构 / 93
第三节 全国人大常委会立法职能机构的比较
　　　　优势 / 122
结　语 / 129

第四章　我国国家立法权配置的运作实践 / 132

导　论 / 132
第一节 全国人大常委会先行审议全国人大法律案
　　　　制度的历史沿革 / 134
第二节 全国人大常委会先行审议全国人大法律案
　　　　制度的实际运作 / 139
第三节 全国人大常委会先行审议全国人大法律案
　　　　制度的多重影响 / 150
结　语 / 159

第五章　我国国家立法权配置的调整思路 / 162

导　论 / 162
第一节 我国国家立法权配置调整所面临的内在
　　　　约束 / 164
第二节 我国国家立法权配置进一步调整的制度
　　　　资源 / 169
第三节 我国国家立法权配置进一步调整的主要
　　　　方案 / 174
第四节 我国国家立法权配置进一步调整的配套
　　　　措施 / 183

结束语 / 188

参考文献 / 192

后　记 / 213

绪　论

一、研究背景

近年来,宪法学界的国家机构研究由冷转热,呈逐渐兴盛之势。这首先体现在学者们不断呼吁应加强国家机构研究。例如,张翔在专论中提出,作为宪法学三大知识组成部分的国家机构研究仍相对薄弱,并未接受已成为主流研究方法的法教义学的洗礼,因而他倡导中国宪法学界应当开拓关于国家机构的教义学研究。[1] 其次,宪法学界研究国家机构的成果正在不断涌现。一方面,呼吁加强国家机构研究的学者们身体力行,运用法教义学方法开展中国国家机构的教义学解释。张翔从比较法和历史两个角度出发探究理解我国国家权力配置原则的功能主义进路,

---

[1] 参见张翔:《中国国家机构教义学的展开》,载《中国法律评论》2018 年第 1 期。

就是一个例证。[1] 另一方面,运用教义学之外的方法进行国家机构研究的论述也丰富了对国家机构运行的认知。例如,林彦从经验的角度探究全国人大常委会的执法检查制度如何形塑我国的中央与地方关系。[2] 最后,以国家机构改革等为主题的学术研讨会相继召开。举其要有:2017年,吉林大学举办的中国宪法学研究会年会就将主题聚焦于人大制度的发展;2018年,广东和山东两省宪法学研究会联合召开了"新时代宪法发展与党和国家机构改革"学术研讨会;2019年,"《宪法》释义"系列学术研讨会将当年的主题确定为人民代表大会制度相关条款的解释。以上学术动态表明,国家机构研究正由"隐"入"显",引起越来越多的关注和讨论,有望成为我国宪法学未来发展的重要领域。

国家机构研究的日渐活跃并非偶然,而是理论和实践两重因素叠加催生的结果。在理论上,加强国家机构研究是宪法学界寻求新的学术增长点的尝试。根据不同学者所作的长时段统计,在论文绝对数量上,国家机构研究的比重实际上是高于宪法学基础原理和基本权利保障两大知识板块的。[3] 但如果着眼于质量,那么可以说,国家机构研究数量上的优势并不等于研究质量的优质,

---

[1] 参见钱坤、张翔:《从议行合一到合理分工:我国国家权力配置原则的历史解释》,载《国家检察官学院学报》2018年第1期;张翔:《我国国家权力配置原则的功能主义解释》,载《中外法学》2018年第2期;张翔:《国家权力配置的功能适当原则——以德国法为中心》,载《比较法研究》2018年第3期。

[2] 参见林彦:《合作型联邦制:执法检查对央地关系的形塑》,载《中外法学》2017年第4期。

[3] 童之伟和韩大元曾分别以三十年为样本对宪法学研究进行总结,他们一致得出结论:宪法学界关于国家机构的著述在数量上其实是占优的。参见童之伟:《中国30年来的宪法学教学与研究》,载《法律科学》2007年第6期;韩大元:《中国宪法学研究三十年(1985—2015)》,载《法制与社会发展》2016年第1期。

这也是学者们得出国家机构研究相对薄弱的判断的依据。[1] 尤为值得注意的是,近年来宪法学界经历了一次"方法论的觉醒",学者们从早期的泛泛而论,发展为有意识地采用某一特定的视角与方法研究宪法问题。这一潮流最为显著的表征是,政治哲学、法教义学和法社会学三种研究取向在我国已经蔚为大观,形成了三足鼎立的态势。[2] 不过,这种方法论的自觉运用以及相关的研究成果大多集中于宪法学原理和基本权利两部分,相比之下,国家机构研究在某种程度上仍停留在罗列或复述宪法和法律相关条文的初级阶段,研究整体水准并不令人满意。正是鉴于这种学术现状,学者们转而把目光投向相对被冷落的国家机构研究,将其作为新的研究范式、有待开拓的学术疆域。[3] 换言之,宪法学界寄希望于通过加强国家机构研究来进一步提升宪法学研究的整体水准。

值得一提的是,长期以来我国宪法学界存在一种重基本权利而轻国家机构的研究取向。这种取向背后潜藏的观念是"宪法是人权法",宪法以保障基本权利为目的,行使公权力的立法机关和行政机关对公民基本权利构成了潜在威胁;而作为"正义最后一道防线"的司法机关,则被认为是能有效保障基本权利的国家机关,

---

〔1〕 例如,《中外法学》编辑部梳理2010—2011年部分期刊上的宪法学论文后,评价道:"在国家机关与基本权利研究方面,均有一定的推进,但基本权利研究的进步要比国家机关研究更显著,围绕着人权入宪、劳动权、财产权等问题,出现了富有新意的研究;基本权利研究向公共政策问题延伸。"《中外法学》编辑部:《中国宪法学发展评价(2010—2011):基于期刊论文的分析》,载《中外法学》2013年第4期。

〔2〕 参见《中外法学》编辑部:《中国宪法学发展评价(2012—2013):基于期刊论文的分析》,载《中外法学》2015年第4期。

〔3〕 张翔的论述最有代表性。他立足于法教义学指出:"经过十余年的发展,中国宪法教义学的基本权利部分,基础性的抽象概念和体系搭建已初步完成,其理论的精细化和对实践问题的解释力都在不断增强。与之形成鲜明对比的是,国家机构研究的裹足不前。尽管国家机构研究的论文绝对数量并不少,但其中以'规范分析—概念抽象—体系建构—实践运用'为基本特点的教义学研究并未充分展开。"张翔:《中国国家机构教义学的展开》,载《中国法律评论》2018年第1期。

因而格外受到关注。这种研究取向的观念预设有两个:一是认为基本权利与国家权力之间是此消彼长的零和博弈关系,在"权利时代"应该着重"防御"国家权力;[1]二是主张国家机关不过是保障基本权利的工具,仅具有工具性价值。长期受这两种观念影响的宪法学界,形成了偏重基本权利研究以及司法审查研究的学术风气。

随着"宪法作为国家组织法"的面向日益受到重视,近年来加强国家机构研究的呼声越来越高,相关论述也日渐增多,促使学界重新审视宪法的价值。例如,有学者提出国家机构除了保障基本权利的工具性价值之外,尚有其独立的价值。[2] 还有学者认为,自由和权力之间并非完全对立,组织和运转良好的国家机构是提升权利保障水平的积极因素。[3] 林来梵则从规范主义立场出发,指出宪法是授权规范和限权规范的统一体:宪法的授权性对应了作为国家组织法的宪法,宪法的限权性则与作为人权法的宪法相契合。[4]

与理论上的演进相比,对国家机构研究更为强劲的刺激来自我国深化党和国家机构改革的实践。党的十八大以来,中国特色社会主义事业不断发展,党的十九大更是宣告中国特色社会主义建设事业已经跨入新时代,迈向新阶段。党和国家机构改革是发展和完善新时代中国特色社会主义事业的重要组成部分。除了党的十八大、十九大、二十大所作的部署外,十八届三中全会、十八届

---

[1] 参见姜峰:《自由与权力:如何超越零和博弈?——〈权利的成本〉读后》,载《北大法律评论》2008 年第 1 期。
[2] 参见焦洪昌:《从国家机构的四个维度看中国社会 30 年之变迁》,载《四川大学学报(哲学社会科学版)》2012 年第 6 期。
[3] 参见姜峰:《违宪审查:一根救命的稻草?》,载《政法论坛》2010 年第 1 期。
[4] 参见林来梵:《宪法学讲义》,法律出版社 2015 年版,第 60-61 页。

四中全会和十九届三中全会先后通过了《中共中央关于全面深化改革若干重大问题的决定》《中共中央关于全面推进依法治国若干重大问题的决定》《中共中央关于深化党和国家机构改革的决定》三个重要文件，都对深化党和国家机构改革作了一系列的决策部署。尤其是最后一个党中央决定，更是专门部署党和国家机构改革。这是前所未有的。

在党中央的决策和推动下，我国国家机构改革实践不断推进和深化，触及我国国家机构体系的方方面面。以监察体制改革为例，从部分试点到全面推开，从监察立法到宪法修改，这一改革不仅在国家权力体系之中设立了专门的反腐败分支，而且调整了我国的人大制度体系，宪制意义不可谓不大。自改革启动至运行完善，宪法学者们积极关注改革动向，从学理上回应改革实践，积极为国家机构改革建言献策。总而言之，推进国家机构研究，除了学术兴趣之外，更是宪法学人的职责所在。

顺应国家机构研究正逐步从宪法学的边缘地带走向中心领域这一学术背景和学术潮流，本文着重研究我国国家立法权的配置。作为我国的政权组织形式，人大制度的重要性毋庸置疑，得到官方和学界的一致认可。而在我国人大制度体系中，全国人大和全国人大常委会的地位尤为显著。自1954年我国正式制定宪法至今，全国人大都是我国宪法上的最高国家权力机关，是象征人民主权的组织实体。与此同时，全国人大自1954年制宪以来一直都是行使国家立法权的国家立法机关，而作为常设机关的全国人大常委会则从1982年修改宪法后正式获得宪法赋予的国家立法权，二者制定法律建构并维系了国家和社会的基本法律秩序。自1979年开启大规模立法运动，至2011年形成中国特色社会主义法律体系，我国已经告别无法可依，构建起细密的法律之网，步入法治建设的新阶段。[1]在这一背景下,部分学者提出了法学研究应由立法中心主义转向司法中心主义、由立法论转向解释论的学术主张。[2]在本书看来,这一学术主张有失偏颇,不仅陷入了非此即彼的对立思维,将本该多元"生长"的学术主张虚构为紧张的对立与竞争,而且忽视了我国立法从体制到实践仍存在的诸多问题。具体到国家立法权层面,在宏观制度环境和法治环境都已发生重大变化的当下,国家立法权配置是否需要改革以及如何进行改革才能适应新时代的新要求,成为摆在我们面前必须深思的重大课题。

如果从1954年宪法创设全国人大和全国人大常委会并初次对国家立法权进行配置算起,我国国家立法机关以及国家立法权运转已历70年;如果从1982年修宪重新配置国家立法权并对全国人大和全国人大常委会的组织结构进行调整算起,我国国家立法机关以及国家立法权运转也已经过了40余年。那么,我国国家立法权配置的创设及调整原因何在,又有何规律可循?作为国家立法权的组织载体,我国国家立法机关的制度设计和实际运转呈现出什么特点,又存在什么问题?在深化党和国家机构改革的新时期和新阶段,我国国家立法权配置应当如何重新进行调整,以适应党和国家中心任务的变化,满足国家治理体系和治理能力现代化的需要?简而言之,如何打造一个既能适应制度环境的变化又能满足社会需要的国家立法机关?如何重新配置国家立法权以满足全面推进依法治国的新需求?以上问题构成了本文研究的中心

---

〔1〕 参见吴邦国:《形成中国特色社会主义法律体系的重大意义和基本经验》,载《求是》2011年第3期。
〔2〕 相关讨论,参见陈金钊:《法学的特点与研究的转向》,载《求是学刊》2003年第2期;黄卉:《"一切意外都源于各就各位"——从立法主义到法律适用主义》,载《读书》2008年第11期;喻中:《从立法中心主义转向司法中心主义?——关于几种"中心主义"研究范式的反思、延伸与比较》,载《法商研究》2008年第1期;傅郁林:《专题研讨:新民事诉讼法的理论诠释》"编者按",载《中外法学》2013年第1期。

议题。

二、问题的提出

1982年宪法第58条规定,全国人大和全国人大常委会行使国家立法权。在此基础上,1982年宪法还对二者的立法权限作了分工。具体而言,第62条规定,全国人大"制定和修改刑事、民事、国家机构的和其他的基本法律";第67条规定,全国人大常委会"制定和修改除应当由全国人民代表大会制定的法律以外的其他法律",同时,"在全国人民代表大会闭会期间,对全国人民代表大会制定的法律进行部分补充和修改,但是不得同该法律的基本原则相抵触"。也就是说,1982年宪法将法律分为基本法律和基本法律以外的其他法律(下文简称非基本法律)。其中,基本法律制定权是全国人大的职权,非基本法律的制定权归属于全国人大常委会,而基本法律修改权则由全国人大和全国人大常委会共同行使,只不过依据宪法,全国人大常委会的基本法律修改权要受到明文规定的三个约束条件,分别是在全国人大闭会期间行使、部分修改、修改不得同该基本法律的基本原则相抵触。

实践中,1982年宪法对国家立法权所做的配置主要存在以下三个方面的问题:

第一,基本法律和非基本法律的范围划分不清,导致一些法律到底应该由全国人大还是全国人大常委会通过引发合宪性争议。在《民法典》正式出台之前,我国民事立法采用的是"成熟一部,制定一部"的立法思路。在理论界和实务界看来,原《物权法》《侵权责任法》等民事单行法律都属于同一位阶的基本法律,都应由全国人大制定,但实际的立法过程却非如此。2007年《物权法》由全国人大通过,2009年《侵权责任法》、2010年《涉外民事关系法律适用法》则由全国人大常委会通过,理应属于同一位阶的法律却分别由全国人大和全国人大常委会制定,不仅突显了基本法律和非基本法律范围划分存在的混乱,而且引发了学界对立法程序的合宪性质疑。

第二,与基本法律和非基本法律范围划分不清相伴而来的问题是,基本法律和非基本法律的效力关系,即基本法律是否具有高于非基本法律的法律效力。这一问题主要出现在法律适用环节。众所周知,全国人大是最高权力机关和最高立法机关,而全国人大常委会只是其常设机关,二者地位并不平等。这或许也是1982年宪法区分基本法律和非基本法律的初衷。从法律适用环节来看,执法者和司法者并不认为全国人大制定的法律具有高于全国人大常委会制定的法律的优先效力。2005年的刘家海案是最为典型的例子。在本案中,关于行政处罚简易程序的适用范围,当时的《行政处罚法》与《道路交通安全法》的规定并不一致。更为深层的问题在于,作为行政处罚领域的基本法律的《行政处罚法》由全国人大制定,而涉及行政处罚的《道路交通安全法》属于全国人大常委会制定的非基本法律,二者对同一问题的规定并不一致。处理该问题可以有两种思路:一是《行政处罚法》和《道路交通安全法》属于同一位阶的法律,条文之间发生冲突,适用"新法优于旧法"和"特别法优于一般法"的原则;二是全国人大制定的《行政处罚法》和全国人大常委会制定的《道路交通安全法》不属于同一位阶的法律,前者作为基本法律具有高于后者的法律效力,条文冲突时应当依据下位法不得违反上位法的原则进行处理。执法者和司法者采纳的都是第一种思路,认为应当适用《道路交通安全法》而不是《行政处罚法》。法院在审理过程中还给出了具体的理由:全国人大和其常设机关全国人大常委会之间,"没有上下级的区分,应视为同一机关";全国人大和全国人大常委会制定的法律之间"也不存在上位法和下位法的区分"。[1] 如果按照以上认识,全国人大常委会可以通过制定非基本法律的方式"修改"全国人大制定的基本法律。《民法典》实施后,已经有学者担忧基本法律模糊的效力很可能会影响其全面实施。[2]

第三,全国人大常委会基本法律修改权的行使突破宪法约束。为了能够及时修改基本法律,1982年宪法将基本法律修改权设定为全国人大和全国人大常委会共同行使,但也对全国人大常委会的基本法律修改权施加了宪法约束。实践中出现的问题是,全国人大常委会行使基本法律修改权不完全符合宪法的规定,根据实证分析,全国人大常委会修改《民族区域自治法》《婚姻法》《刑法》等基本法律,似已超出部分修改的范围,引发了学者合宪性质疑。[3]

除了上述三个具体的问题,我国国家立法权配置实践中还面临结构性失衡,主要表现在:第一,全国人大立法能力不足导致其难以充分行使国家立法权,改革开放以来我国的"立法奇迹"主要是在全国人大常委会的高效运转下取得的;第二,在立法过程中,全国人大常委会通过先行审议程序主导了全国人大立法,而全国人大对全国人大常委会立法的事后监督又难以发挥实效[4]。总而言之,国家立法权的宪法配置与国家立法的实际状况之间还存在着不协调、不匹配现象,亟待从理论上进行全面系

---

[1] 参见刘家海:《论〈道路交通安全法〉与〈行政处罚法〉的抵触》,载《法治论丛(上海政法学院学报)》2009年第3期。

[2] 参见黄忠:《从民事基本法律到基础性法律:民法典地位论》,载《法学研究》2023年第6期。

[3] 参见林彦:《基本法律修改权失范及原因探析》,载《法学》2002年第7期。

[4] 参见林彦:《全国人民代表大会:制度稳定型权力机关》,载《中外法学》2023年第3期。

统的研究。

三、核心概念的界定
(一) 国家立法权

"国家立法权是由最高立法机关,以整个国家的名义所行使的,用来调整最基本的、带全局性的社会关系的,在立法权体系中居于最高地位的一种立法权。"[1]国家立法权是以国家的名义制定法律的权力,象征着人民主权,凝结了全体人民的意志和利益,规范我国政治、经济、文化、社会领域的基本事项。[2]"国家立法权"的概念首次出现于1954年宪法文本,其第22条规定,全国人大是行使"国家立法权"的唯一机关。1975年宪法和1978年宪法受到特殊历史时期影响,虽然文本中并无"国家立法权"的概念,但都规定了全国人大制定法律的职权。而1982年宪法则回归1954年宪法的表述,并于第58条规定全国人大和全国人大常委会行使"国家立法权"。简略的文本梳理表明,"国家立法权"既是一个宪法概念,也是一种宪定权力。

国家立法权有两个显著的特征:第一,行使主体的特定性。自1954年至1982年,唯一有权行使国家立法权的主体是全国人大;而从1982年至今,国家立法权的行使主体正式增加了全国人大常委会。也就是说,我国国家立法权具有排他性,只能由全国人大和全国人大常委会行使。第二,名义上的特殊性。不管是早期全国人大集中行使国家立法权,还是全国人大和全国人大常委会共同行使国家立法权的当下,我国国家立法权行使的结果或产物名义

---

〔1〕 周旺生:《立法学教程》,北京大学出版社2006年版,第227页。
〔2〕 参见蔡定剑:《宪法精解》,法律出版社2006年版,第302页;全国人大常委会法制工作委员会国家法室编著:《中华人民共和国立法法释义》,法律出版社2015年版,第34页。

上都被称为"法律",也就是狭义的法律。换言之,国家立法权与法律之间存在对应关系。最显著的例证是,根据1954年宪法、1975年宪法和1978年宪法,全国人大常委会不享有国家立法权,因此制定的立法性文件只能称作"法令";而获得1982年宪法赋权后,全国人大常委会始能制定"法律",尽管是基本法律以外的非基本法律。

概言之,主体和名义是国家立法权的基本构成要素,使之区别于中央立法权、地方立法权等。首先,国家立法权不同于中央立法权。一方面,中央立法权是与地方立法权相对的概念,存在于中央和地方立法分权的国家,而国家立法权则是所有国家都有的。另一方面,在有中央立法权的国家,中央立法主体除了立法机关,也包括中央政府,甚至部分国家的中央司法机关也可以行使某种立法权。因此,中央立法权指的是不同的中央立法主体行使的立法权的总和,而国家立法权只是中央立法权的组成部分。"划清国家立法权和中央立法权的界限,有助于明确中央立法主体在行使立法权方面的各自的范围,突出国家立法权的地位,防止其他中央立法主体侵越国家立法权。"[1]

其次,国家立法权区别于地方立法权。如上所述,地方立法权是与中央立法权相对的概念,只存在于中央和地方实行立法分权的国家。一般而言,地方立法权的地位低于中央立法权,"比国家立法权更处于相对次要的地位"。具体体现在,地方立法不能与中央立法、国家立法相抵触,而是执行或补充中央立法、国家立法。[2] 在我国,地方国家权力机关制定地方性法规的权力属于地

---

[1] 周旺生:《立法学教程》,北京大学出版社2006年版,第228-229页。
[2] 参见周旺生:《立法学教程》,北京大学出版社2006年版,第230页。

方立法权,而不是国家立法权。[1]

最后,国家立法权与国家的立法权仅一字之差,但并不相同。周旺生指出:"后者是一国全部立法权的总和,包括国家立法权、中央立法权、地方立法权、行政立法权、授权立法权等。国家的立法权和立法权在许多场合下含义相同。"[2]在他看来,辨析国家立法权和国家的立法权的概念,并不是文字游戏,明确它们之间的界限,可以"避免把全国人大及其常委会行使的国家立法权看作整个国家的全部立法权,而否定别的立法主体也有或也能行使立法权"[3]。

(二)国家立法权配置

我国进入全面深化改革的新阶段之后,党中央作出了深化党和国家机构改革的决策。党的十九大报告提出:"统筹考虑各类机构设置,科学配置党政部门及内设机构权力、明确职责。"[4]与此同时,国家权力配置也成为宪法学研究的焦点和热点。正如宪法学者张翔所指出,"科学配置国家权力,构建理性化的现代政府,是我国国家治理能力建设的核心议题"[5]。但关于何为国家权力配置,理论界尚无一致的定义。即便如此,众所周知,特定的国家权力应当由特定的国家机构承担和行使,而特定的国家权力具体配置给哪个特定的国家机构则应当以宪法和法律的形式作出。这也

---

[1] 参见全国人大常委会法制工作委员会国家法室编著:《中华人民共和国立法法释义》,法律出版社2015年版,第34页。

[2] 周旺生:《立法学教程》,北京大学出版社2006年版,第229页。

[3] 周旺生:《立法学教程》,北京大学出版社2006年版,第229页。

[4] 习近平:《决胜全面建成小康社会 夺取新时代中国特色社会主义伟大胜利——在中国共产党第十九次全国代表大会上的报告》,载《人民日报》2017年10月28日,第1版。

[5] 张翔:《我国国家权力配置原则的功能主义解释》,载《中外法学》2018年第2期。

就是通常所说的"公权力法定"原则,即法无明文授权不得为。由此看来,可以将国家权力配置界定为,宪法和法律以授权的形式对国家权力所做的分配或安排。相应地,所谓国家立法权配置就是指宪法和法律对国家立法权所做的分配或安排。从这一尝试性的定义中可以看出,包括国家立法权在内的国家权力配置首先应当满足合宪性、合法性要求。

值得一提的是,国家权力配置除了需要考虑静态的合宪性、合法性之外,还需要考察其有效性或效能,"保证权力能够被良好地行使,发挥其最好的效果"[1]。毕竟宪法和法律设立国家机构并授予其特定的国家权力还旨在达到特定的目的、履行特定的功能。这就要求我们还应当着眼于国家权力的法定配置在实践之中的实际运作状况。简言之,合法性和有效性是评判国家权力配置的两条标准,也是研究国家权力配置的两条进路。目前,学界主要从功能主义的角度出发探讨了我国国家权力配置的一般原则、监察权的配置、合宪性审查实体和程序权力配置等问题。本书将借助既有的理论成果,将这一思路扩展运用到我国国家立法权配置相关问题的研究上。

四、文献综述

对于我国国家立法权配置的相关问题,既有的学术研究主要集中在以下五个方面:

第一,基本法律和非基本法律的范围划分。这是研究我国国家立法权配置的前提性问题,也是长期争执不下的问题。1982年宪法尝试列举基本法律的范围,并以基本法律为界限,规定除此之

---

[1] 张翔:《我国国家权力配置原则的功能主义解释》,载《中外法学》2018年第2期。

外的事项都属于非基本法律。但问题在于,刑事、民事、国家机构三大事项只是范围相对明确,而"其他的"基本法律更是语义模糊,难以界定。2000 年制定《立法法》时,曾有意见提出应当详细列举基本法律的范围,以避免理解和适用上的分歧。但多数意见认为,一一列举基本法律的范围存在很多实际困难。最终,2000 年《立法法》仍沿用了宪法的规定。[1] 基本法律的范围不明确,导致非基本法律的范围也变得扑朔迷离,进而造成全国人大和全国人大常委会立法权限含混的实践难题。《侵权责任法》《涉外民事关系法律适用法》等法律的立法程序之所以引发争议,症结即在于此。[2]

既有研究主要提出四种思路来廓清基本法律的范围:一是从概念入手,尝试明晰基本法律的概念。围绕何为"基本",学者们提出了诸多基本法律的定义。[3] 但是,由于语义的模糊性,从重大、长远、重要、全局来界定基本,如同同义反复,都无法得出确切又可操作的定义。二是着眼于认定标准,试图提出界定基本法律的标准。现有的思路主要包括"主体标准说""内容标准说""双重标准说""四重标准说"四种。不过,除了"主体标准说"具备客观性之外,其他三种界定标准免不了主观认识有别,整体上仍无法解决问题。[4] 三是从实证入手,试图归纳出基本法律的范围。[5] 这一方

---

[1] 参见张春生主编:《中华人民共和国立法法释义》,法律出版社 2000 年版,第 25 页。

[2] 参见王竹:《〈侵权责任法〉立法程序的合宪性解释——兼论"民法典"起草过程中的宪法意识》,载《法学》2010 年第 5 期;王伟:《全国人大常委会立法的法律位阶探析》,载《东北大学学报(社会科学版)》2014 年第 2 期。

[3] 李克杰对基本法律的定义做了梳理,参见李克杰:《中国"基本法律"的体系化和科学化研究》,法律出版社 2017 年版,第 43-45 页。

[4] 参见孔德王:《"基本法律"研究的现状与展望》,载《人大研究》2017 年第 11 期。

[5] 参见韩大元、刘松山:《宪法文本中"基本法律"的实证分析》,载《法学》2003 年第 4 期。

式的局限性同样明显,无法从"事实"之中推论出"应当",进而也就无法得出恰当可行的规范结论以指导实践。四是从程序入手,尝试提炼出蕴含于立法程序中的基本法律认定机制。[1] 与实证进路类似,所谓的基本法律程序性判断机制不过是经验事实,同样不具有规范指导意义。综合来看,研究者们虽然付出了诸多心血,但划分基本法律和非基本法律范围的学术尝试都难说成功。

第二,基本法律和非基本法律的效力关系。如上所述,1982年宪法将法律分为基本法律和非基本法律两种类型,但对于二者的效力关系,1982年宪法却未明确界定。专门规范立法活动的《立法法》也没有对此进行补充和细化。规范上的疏漏或者空白造成立法后的适用难题,导致实践中争议不断,如《道路交通安全法》和《行政处罚法》有关规定的冲突,原《民法通则》与《铁路法》有关条文的冲突。[2] 法律之间的相互"打架"显然违背了法治的基本精神,有损宪法的权威和法制的统一。

目前,学界主要提出了三种处理基本法律和非基本法律效力关系的学说,分别是"基本法律效力优先说""基本法律和非基本法律效力等同说""基本法律和非基本法律效力待定说"。[3] 理论上的争鸣与实践中的争议,都意味着二者的效力问题仍有待于规范层面的解答,我国宪法解释机制和合宪性审查制度尚不具备实效性,导致这一问题难以形成定论。换言之,根本解决还需宪法和相关法律就二者的效力作出明文规定。这就触及重新配置我国国家

---

[1] 参见赵一单:《论基本法律的程序性判断机制》,载《政治与法律》2018年第1期。

[2] 参见豆星星:《〈铁路法〉第58条与〈民法通则〉第123条的冲突与适用》,载《河南工业大学学报(社会科学版)》2009年第2期;刘家海:《论〈道路交通安全法〉与〈行政处罚法〉的抵触》,载《法治论丛(上海政法学院学报)》2009年第3期。

[3] 参见孔德王:《"基本法律"研究的现状与展望》,载《人大研究》2017年第11期。

立法权的宪制调整。

第三,全国人大常委会的基本法律修改权突破宪法限制。学者们搜罗了翔实的案例,展示宪法施加给全国人大常委会基本法律修改权的三个约束条件被突破,实效性不强;他们还指出,全国人大常委会的基本法律修改权失范,除了宪法文本规范的漏洞之外,还有深层次的制度困境,那就是全国人大立法能力不足,全国人大常委会"越俎代庖"实际上具有某种现实合理性。[1] 相比于前述的两个问题,全国人大常委会基本法律修改权问题最为简明,既有的研究已达成共识,但对于应该如何破解此一难题,"单兵突进"并不现实,仍有待于国家立法权配置的整体完善。

第四,全国人大是否有权制定非基本法律。有学者主张,全国人大和全国人大常委会的法律制定权并非截然分开,而是有一定的交叉。表现在:全国人大除制定基本法律外,还应当有权制定非基本法律;全国人大制定的非基本法律,在效力上高于全国人大常委会制定的非基本法律。[2] 与之相反,有学者从蕴含在修宪过程中的功能主义理念出发,认为1982年宪法对国家立法权的分工配置意味着,已经分配给全国人大常委会的非基本法律制定权,全国人大无权代行,否则就构成越权。[3] 不过,从立法实践来看,全国人大制定的某些法律显然难以归入基本法律的范畴。规范与实践

---

[1] 参见林彦:《基本法律失范及原因探析》,载《法学》2002年第7期;林彦:《再论全国人大常委会的基本法律修改权》,载《法学家》2011年第1期;易有禄:《全国人大常委会基本法律修改权行使的实证分析》,载《清华法学》2014年第5期;秦前红、刘怡达:《全国人大常委会基本法律修改权之实证研究——以刑法修正案为样本的统计学分析》,载《华东政法大学学报》2016年第4期。

[2] 参见韩大元、刘松山:《宪法文本中"基本法律"的实证分析》,载《法学》2003年第4期。

[3] 参见张翔:《我国国家权力配置原则的功能主义解释》,载《中外法学》2018年第2期。

之间背离的原因何在,还需要进一步分析和挖掘。

第五,完善我国国家立法权配置的学理方案。与有关国家立法权配置的宪法规范相对照,学者们普遍认识到,我国的国家立法权实际上已经偏离宪法文本设定的全国人大和全国人大常委会分工合作的制度设计,事实上集中到全国人大常委会。通过研究1979年至2000年全国人大制度的变迁,孙哲发现全国人大的立法权仅仅是"象征性职能",而作为全国人大常设机关的全国人大常委会则已演变为"立法机关中的实际立法机构"。[1] 随后的多个研究也从实证数据层面直观地证明,自1982年之后,全国人大不仅在立法数量上远远落后于全国人大常委会,而且所占的比重也越来越低。[2] 此外,长期以来,全国人大每年只不过制定或修改一部法律,甚至2008年和2009年两个年度在立法方面"无所作为"。[3] 对于这一长期存在的重大立法体制难题,2015年、2023年修改《立法法》不但没有着力解决,反而将发挥人大及其常委会在立法中的主导作用,制度化地确定为强化全国人大常委会的立法主导作用。这一做法引起了学者的如下批评:"我们不能陷入这样的误区,即用发挥人大常委会的主导作用作为发挥人大主导作用的方式,甚至以前者完全取代后者。"[4]

至于如何应对全国人大立法职能虚弱的难题,学者们提出了三种学理上的完善方案:第一种方案立足于现实,主张取消全国人

---

[1] 参见孙哲:《全国人大制度研究(1979—2000)》,法律出版社2004年版,第91、124页。

[2] 参见韩大元主编:《公法的制度变迁》,北京大学出版社2009年版,第180-182页;韩大元:《论全国人民代表大会之宪法地位》,载《法学评论》2013年第6期;朱景文:《关于完善我国立法机制的思考》,载《社会科学战线》2013年第10期。

[3] 参见蔡定剑:《论人民代表大会制度的改革和完善》,载《政法论坛》2004年第6期。

[4] 徐向华、林彦:《〈立法法〉修正案评析》,载《交大法学》2015年第4期。

大的立法职能,将我国的国家立法权全部赋予全国人大常委会。章乘光认为,全国人大不具备行使立法职能的条件。[1] 蔡定剑也认为,应该重新配置全国人大和全国人大常委会的立法权,将全国人大常委会改造成为"一个名副其实的完全的立法机关"。[2] 主张由全国人大常委会集中行使国家立法权的观点基于以下共识:全国人大不仅在现有条件下无法有效行使立法职能,而且短期内难以改善。不过,同样基于上述认识,第二种改革方案着眼于立法的民主性和正当性,主张应加强全国人大的立法权。朱应平认为,不再设立全国人大常委会,将全国人大的"双层结构"改造为"单层结构",并对全国人大进行系统改革,如改兼职代表制为专职代表制,使之成为兼具民主性和有效性的最高立法机关。[3] 与前两种方案相比,第三种方案则采折中主义,主张在尊重宪法文本既有规定的基础上,采取措施维护全国人大高于全国人大常委会的宪法地位。在韩大元看来,1982年宪法所设计的全国人大和全国人大常委会关系,以及配置的全国人大和全国人大常委会的立法权限,隐含了兼顾民主性和有效性的复杂考虑。只不过制度运行表明,当初的制度设计轻视了二者之间的张力,导致了如下悖论:全国人大的立法职能民主性强而有效性不足,全国人大常委会的立法职能尽管有效但民主性不足。为应对这一制度设计的"非预期后果",他主张未来应当致力于保障全国人大的权威,采取"强化对常委会行使职权的监督""不断扩大直接选举的范围""局部调整机

---

〔1〕 参见章乘光:《全国人大及其常委会立法权限关系检讨》,载《华东政法学院学报》2004年第3期。

〔2〕 参见蔡定剑:《论人民代表大会制度的改革和完善》,载《政法论坛》2004年第6期。

〔3〕 参见朱应平:《论人大规模、结构及其重构》,载《华东政法学院学报》2004年第3期。

构"三种举措,化解全国人大立法职能民主性和有效性的悖论,达致二者的平衡。[1] 以上三种学理方案各有所长,分别侧重于制度的有效性、民主性和二者的协调,对于推进我国国家立法权配置具有重要参考价值。但是,从历史和现实来看,三种方案与其说开出了"药方",不如说为我们展示了"病症"的复杂性,不仅在制度细节上有待丰富,而且在系统性上也需要更强有力的论证。

梳理现有研究可以发现,关于我国国家立法权配置已经积累了较为丰富的成果,不仅对现状的梳理已经触及问题的各个侧面和细节,而且对于改革我国国家立法权配置的必要性也已凝聚起了基本共识。但是现有研究也较为分散,对问题的认识以及改革的路径都缺乏整体性关照。例如,基本法律和非基本法律的范围划分,既涉及宪法规范层面的文本瑕疵,也与全国人大和全国人大常委会各自的立法能力高低密切相关,还指向了全国人大组织结构的深层特质,单纯从概念界定的角度进行分析只是"头痛医头脚痛医脚",无助于问题的最终解决。再如,改革我国国家立法权配置不管选择哪一种方案,都是对我国宪制安排的重大调整,并非简单的学理推演即可完成,需要综合历史与现实系统性推进。总的来说,当前我国国家立法权配置面临的问题牵扯到方方面面,重新配置我国国家立法权也必然是一项复杂艰巨的"宪法工程",[2]需要我们从宪法文本规定、立法制度设计、全国人大组织结构等方面做全盘考虑和周密设计。

---

〔1〕 参见韩大元:《论全国人民代表大会之宪法地位》,载《法学评论》2013年第6期。

〔2〕 "宪法工程学"是一个融合多种方法、视角与理论的交叉学科,认为宪法如同工程一样可以进行有目的的设计安排。参见包刚升:《民主转型中的宪法工程学:一个理论框架》,载《开放时代》2014年第5期。

五、研究方法

为探究我国国家立法权配置的来龙去脉和整体样貌,本文的研究在不同章节分别或综合运用了以下方法:

(一)法解释学方法

以现行法律为基础和界限分析法律现象乃是法学研究的主流方法之一。围绕宪法文本与宪法适用的宪法解释学,也是认识宪法现象的重要路径。如前所述,以往的法解释学研究主要集中在基本权利和作为基本权利保障手段的合宪性审查两大领域,该方法运用到国家机构研究上,不仅可能而且必要。在宪法文本对国家立法权的配置奠定制度框架的基础上,《全国人民代表大会组织法》(以下简称《全国人大组织法》)、《全国人民代表大会议事规则》(以下简称《全国人大议事规则》)、《全国人民代表大会常务委员会议事规则》(以下简称《全国人大常委会议事规则》)、《立法法》等进一步丰富和完善了我国国家立法权配置的制度细节,如分别规定全国人大和全国人大常委会立法的各个程序,构建起了一个关于国家立法权配置的复杂的成文法世界。以上这些规范,由于制定时间有先后之分,调整对象也不尽相同,难免存在不一致和矛盾。因此,研究我国国家立法权配置,离不开运用解释学的丰富技艺探究宪法文本的规范含义,综合解释所有关系到国家立法权配置的条款,揭示其矛盾,梳理其意涵,以便更好地理解制度设计的规范含义。但在此需要强调,以文本为中心的法解释学方法有其内在局限。其一,聚焦于成文法的研究取向导致其轻视乃至忽略立法惯例等具有实效性的不成文制度,而这些不成文制度普遍存在于包括我国在内的世界各国的立法过程之中,构成了立法制度的重要组成部分。尤其是在我国,不成文的立法制度不仅数量众多,而且对立法机关运转和立法过程的展开发挥着不容忽视的作用。[1] 其二,制度变迁等议题因不属于现行有效法律的范畴而超出了法解释学的研究范围。正因此,研究我国国家立法权配置,法解释学只是方法之一,有必要采用更多元的观察视角和理论工具。

(二)制度主义分析方法

制度主义是诞生并广泛运用于政治学研究的一种理论方法。虽然都以制度为研究的中心,但制度主义理论经历了从旧制度主义到新制度主义的发展历程。旧制度主义关注宪法所规定的政府形式结构,往往假定关于政府结构的文本规定与其实际运作基本相符,透过形式结构就可以洞察运作过程;而新制度主义更为精致也更有解释力,同样关注政府结构,但主张制度具有更为复杂的面向,包括成文的正式制度和不成文的非正式制度等,它们塑造并约束着活动于其中的行动者的行为态度和利益取向。[2] 制度主义是当前政治学研究的主流方法之一,而且一直关注包括立法权配置在内的政权组织形式问题,因而值得借鉴参考。[3] 此外,我国政治学界已经运用制度主义方法研究人大制度,并积累了一些优秀研究成果,[4] 而且域外立法机构研究也将制度分析作为路径之一,如威尔逊对美国国会体制所作的分析。[5] 因此,我们不应自

---

[1] 关于我国立法中的成文法制度和不成文法制度的分析,参见周旺生:《中国立法五十年(上)——1949—1999 年中国立法检视》,载《法制与社会发展》2000 年第 5 期。

[2] 参见[美]罗斯金等:《政治科学》(第 12 版),林震等译,中国人民大学出版社 2014 年版,第 29、37 页。

[3] 参见阎小骏:《当代政治学十讲》,中国社会科学出版社 2016 年版,第四讲"政权组织形式:新制度主义的框架",第 107—139 页。

[4] 参见景跃进、陈明明、肖滨主编:《当代中国政府与政治》,中国人民大学出版社 2016 年版,第三章"人民代表大会制度"。

[5] 参见[美]威尔逊:《国会政体——美国政治研究》,熊希龄、吕德本译,商务印书馆 1986 年版。

设藩篱,而是应当将分析视角和理论分析拓宽。本书的研究将借鉴制度分析路径,并尝试将其运用到对我国国家立法权配置的历史演进及其背后的稳定的、长期的组织结构的分析上,以期拓展对相关问题的认识,丰富既有的研究方法体系。

(三)立法实例分析方法

研究我国国家立法权配置,除了梳理和解释宪法等法律文本的规范含义,也就是应然层面的分析,还应当着重描述和探究立法制度的实际运作状况,也就是实然层面的分析。往返于应然与实然之间,有助于更全面地认识我国国家立法权配置的规范与现实。案例是法学研究的常规方法之一,以往集中在司法领域的案例分析。但实际上,立法实例分析已经被学者运用于我国国家立法权配置相关问题的研究中。例如,对于全国人大常委会基本法律修改权的行使是否符合宪法约束,秦前红、刘怡达以《刑法》这一基本法律的修改为例,详细统计了全国人大常委会修改《刑法》的频率、幅度和程度,得出了全国人大常委会基本法律修改权失范的结论。[1] 再如,韩大元以2007年修订后的《律师法》与《刑事诉讼法》之间的适用问题为例,探讨了基本法律和非基本法律的效力关系。[2] 案例分析依托个案所提供的丰富细节信息,既能展示法律在实际中的运行状况,也能突显法律实施存在的问题,进而为后续的深入分析提供坚实的经验依据。本书借鉴学者们已经发掘出来的立法实例,并结合一些尚未引起充分注意的立法实例,通过分析个案所包含的细节,描述我国国家立法权配置的实际状况并揭示其中存在的问题。

---

〔1〕 参见秦前红、刘怡达:《全国人大常委会基本法律修改权之实证研究——以刑法修正案为样本的统计学分析》,载《华东政法大学学报》2016年第4期。

〔2〕 参见韩大元:《全国人大常委会新法能否优于全国人大旧法》,载《法学》2008年第10期。

六、本研究的意义及不足

（一）本研究的意义

我国国家立法权存在全国人大集中行使和全国人大与全国人大常委会共同行使两种配置模式，并经历了从前者到后者的历史性转变和宪法性变迁。关注我国国家立法权配置，分析我国国家立法权配置演变的规律与趋势，探究我国国家立法机关的制度特色，对于解释我国全国人大制度的独特性以及改革开放以来我国国家立法的经验与不足，都具有重要的理论和实践意义。

首先，梳理我国国家立法权配置的历史沿革，有助于深刻地理解我国立法制度发展与转型的历程以及内含于其中的趋势。自1982年修宪重新配置我国国家立法权以来，全国人大和全国人大常委会在建设社会主义法治国家的大背景下，制定了大量法律，在如此短的时间内构建起了中国特色社会主义法律体系。这被研究者称为"立法奇迹"。[1] 与此同时，国家立法权配置存在的问题，尤其是全国人大和全国人大常委会的立法权限划分以及实际立法表现的悬殊差异，已引起了理论界和实务界的广泛关注和讨论。如果拉长时间视野，怎样在全国人大和全国人大常委会之间妥当配置国家立法权，其实在1954年宪法制定时就存在争论。尽管1954年宪法确立了全国人大集中行使国家立法权的配置模式，但实践很快表明，这一权力配置难以满足国家和社会的需要。1955年，也就是1954年宪法通过后的第二年，全国人大就授权全国人大常委会"适时地制定部分法律"。全国人大集中行使国家立法权的配置模式如此快就被打破足以说明1954年宪法的相关制度设计

---

[1] 参见孙哲：《全国人大制度研究（1979—2000）》，法律出版社2004年版，第165页。

在实践中不具备可行性,而全国人大在1959年又授权全国人大常委会法律修改权。[1]

简单地回顾历史可以发现,全国人大集中行使国家立法权的配置模式只短暂地存在了不到一年时间,而1982年宪法重新配置我国国家立法权,规定全国人大和全国人大常委会都是行使国家立法权的宪定主体,在某种程度上只是在宪法层面确认或延续了此前实践中的做法。可以说,如何配置国家立法权,妥当处理全国人大立法和全国人大常委会立法之间的关系,既是我国宪法变迁的重要内容,也是我国立法体制始终无法回避的要害问题。从历史的角度深入探究国家立法权配置的不同模式及其优劣,发掘出其中的规律性趋势,对于未来进一步完善我国国家立法权配置具有重要的参考意义。

其次,我国国家立法权在全国人大和全国人大常委会之间进行配置,要么由全国人大单独行使国家立法权,要么由全国人大和全国人大常委会共同行使,因此,全国人大和全国人大常委会为配置我国国家立法权提供了稳定的组织基础。在我国,全国人大是最高立法机关,而全国人大常委会是最高立法机关的常设机关。通说认为,我国全国人大属于一院制代议机关。但是,与西方代议机关相比,全国人大下设常务委员会作为其常设机关,使得我国国家立法机关的组织形式既不同于西方国家的一院制代议机关,也迥异于两院制代议机关。实际上,我国人大下设人大常委会的代议机关组织形式,借鉴自苏联,属于社会主义代议制传统。"'常设机关'是社会主义人民代表机关闭会期间经常设立的机关,是社会

---

[1] 关于两次授权的内容及分析,参见全国人大常委会法制工作委员会国家法室编著:《中华人民共和国立法法释义》,法律出版社2015年版,第35页。

主义国家广大劳动人民群众经常性地行使最高国家权力的机关。"[1]也就是说,我国最高代议机关分为非常设的全国人大和常设的全国人大常委会两个层次。[2] 有学者以"一院双层"来概括我国全国人大的组织形式;[3]还有学者用"复合一院制"来突出我国全国人大组织结构的独特性。[4] 而全国人大独特的组织形式,是我国国家立法权配置存在的前提。[5] 因此,研究我国国家立法权配置,离不开对全国人大组织形式的分析。这除了有助于加深对我国人大制度的独特性的认识之外,还有助于揭示国家立法权配置变迁的深层次制度因素。

再次,近年来,党中央作出了一系列完善人大制度的决策部署。党的十八届四中全会提出,"健全有立法权的人大主导立法工作的体制机制,发挥人大及其常委会在立法工作中的主导作用"。党的十九大报告要求,"发挥人大及其常委会在立法工作中的主导作用,健全人大组织制度和工作制度,支持和保证人大依法行使立法权、监督权、决定权、任免权,更好发挥人大代表作用,使各级人大及其常委会成为全面担负起宪法法律赋予的各项职责的工作机关,成为同人民群众保持密切联系的代表机关"。党的十九届三中全会提出,"要发挥人大及其常委会在立法工作中的主导作用,加强人大对预算决算、国有资产管理等的监督职能,健全人大组织制度和工作制度,完善人大专门委员会设置,更好发挥其职能作用"。

---

[1] 周叶中:《代议制度比较研究(修订版)》,商务印书馆2014年版,第323页。
[2] 参见高秉雄、苏祖勤:《中外代议制度比较》,商务印书馆2014年版,第139页。
[3] 参见蒲兴祖:《人大"一院双层"结构的有效拓展——纪念县级以上地方各级人大常委会设立30周年》,载《探索与争鸣》2009年第12期。
[4] 参见贾义猛、刚威:《试论"复合一院制":现代代议机构制理论与中国人大院制结构的现实选择》,载《南开大学法政学院学术论丛》1999年卷。
[5] 参见孔德王:《"基本法律"研究的现状与展望》,载《人大研究》2017年第11期。

上述党的文件涵盖了人大的组织和职权两大方面的改革,意味着我国人大制度正在进行较大幅度的改革和调适。但学界在阐释相关问题时存在一定的分歧,如发挥人大在立法中的主导作用,是发挥人大的立法主导作用还是人大常委会的主导作用?[1] 这其实已经涉及全国人大和全国人大常委会的关系,也牵扯到全国人大和全国人大常委会在国家立法方面的功能差异。在人大制度已经进入调适和变革的当下,分析我国国家立法权配置是宪法学乃至整个法学界的责任。

最后,研究我国国家立法权配置对于地方人大立法权配置的完善也具有借鉴和参考意义。2019 年是地方人大常委会设立 40 周年,也是省级人大获得地方立法权 40 周年。[2] 自 1979 年省级人大及其常委会获得地方性法规制定权后,《立法法》于 2000 年赋予较大的市地方性法规制定权并于 2015 年扩大至设区的市,同时粗略划分了人大和人大常委会的立法权限,着重强调"规定本行政区域特别重大事项的地方性法规,应当由人民代表大会通过"。根据官方权威解释,之所以强调"特别重大事项"必须由地方人大制定,是因为实践中地方性法规主要由地方人大常委会制定,而地方人大极少行使立法权。"这是不符合宪法和法律原意的。"[3] 因此,《立法法》试图通过这一专门的条文设计对地方人大和人大常委会的立法权限做出"基本的分工"。[4]

以"特别重大"与否作为界分地方人大和地方人大常委会立法

---

[1] 徐向华、林彦:《〈立法法〉修正案评析》,载《交大法学》2015 年第 4 期。
[2] 有学者指出,县级以上人大设立常委会,"这是具有历史性的重大变革"。参见许崇德:《地方人大常委会的设立及其变迁》,载《政法论坛》2004 年第 6 期。
[3] 张春生主编:《中华人民共和国立法法释义》,法律出版社 2000 年版,第 202 页。
[4] 参见张春生主编:《中华人民共和国立法法释义》,法律出版社 2000 年版,第 203 页。

权限的标准,借鉴自全国人大和全国人大常委会分工行使立法权的思路,[1]与以"基本"与否作为界分全国人大和全国人大常委会立法权界限标准的做法异曲同工,实践中也面临相似的困境。正如有学者所指出的,一方面,相关法律规范对地方人大和地方人大常委会立法权限的划分不仅模糊,而且充满歧义,不具有可操作性;另一方面,这一规定并没有扭转地方人大与地方人大常委会立法表现上的巨大差异。例如,北京市人大于2014年一次性通过了三部地方性法规,这竟然是长达13年的时间里市人大首次行使立法权。[2]统计数据也表明,地方人大的立法数量远远少于地方人大常委会,前者的地方立法权也存在被后者"架空"的危险。[3] 如下文将指出的,地方人大立法权在人大和常委会之间的配置与国家立法权在全国人大和全国人大常委会之间的配置,面临的问题如出一辙,我国的人大立法权普遍存在重心由人大向人大常委会转移的趋势。[4] 更应当引起重视的是,2015年修改《立法法》虽然将地方立法主体从省级人大进一步扩充到设区的市人大,但并没有回应学界诟病已久的地方人大立法权在人大和人大常委会之间的失衡问题,反而在扩充地方立法权主体的同时继续沿用此前模糊的划分标准。对此,有学者批评说,设区的市人大与其常委会的地方立法权"高度混同",仍然存在争议,亟待上位法厘清。[5] 在

---

[1] 参见张春生主编:《中华人民共和国立法法释义》,法律出版社2000年版,第202-203页。

[2] 参见田侠:《党领导立法的实证研究——以北京市人大及其常委会为例》,中国社会科学出版社2016年版,第218页。

[3] 参见庞凌:《论地方人大与其常委会立法权限的合理划分》,载《法学》2014年第9期。

[4] 参见刘松山:《中国立法问题研究》,知识产权出版社2016年版,第125页。

[5] 参见刘振磊:《论设区的市地方立法权限划分——从地方立法实践的角度》,载《人大研究》2017年第9期。

可预见的将来,设区的市地方立法也极有可能面临与国家立法和省级地方立法同样的问题。[1]

由上可见,我国的国家立法权配置与地方人大立法权配置,不仅在规范设定上遵循一样的思路,而且实践中也面临类似的问题。进一步分析还会发现,我国县级以上人大在组织层面具有"同构性",都采用了"人大+常委会"的"一院双层"的组织形式。[2] 由于各级人大都存在会期短、代表多、代表履职能力不足等问题,立法权行使实际上由各级人大常委会主导。如王理万所言,常设机关侵蚀和剥夺权力机关职权,"实体化的常委会与形式化的人大"共存,构成了我国各级人大立法的现实图景。[3] 总而言之,组织、职权和问题三者"同构"的实践样态意味着,研究我国国家立法权配置并探究其完善之道,其价值不仅仅局限于国家立法层面,对于地方立法乃至地方治理也将具有不容忽视的参考意义。

(二)本研究的不足

本书的研究存在难以克服的局限,需要事先声明:首先,由于1954年制定宪法和1982年修改宪法的档案材料并未完整公布,本文分析我国国家立法权配置历史变迁所依据的权威材料较为有限,主要包括:第一,已披露的官方材料,如彭真的《关于中华人民共和国宪法修改草案的报告》;第二,当事人的回忆,如肖蔚云的《我国现行宪法的诞生》;第三,专门的研究,如韩大元的《1954年宪法制定过程》。档案材料的缺乏使得历史部分的考察只能是粗

---

[1] 何俊志在研究县级人大时指出:"相对于人民代表大会而言,人大常委会在一定程度上就已经具备了自组织性,是一个名副其实的组织实体。"何俊志:《制度等待利益——中国县级人大制度模式研究》,重庆出版社2005年版,第154页。

[2] 参见蒲兴祖:《人大"一院双层"结构的有效拓展——纪念县级以上地方各级人大常委会设立30周年》,载《探索与争鸣》2009年第12期。

[3] 参见王理万:《立法官僚化:理解中国立法过程的新视角》,载《中国法律评论》2016年第2期。

线条的。

其次，本书所依据的立法实例数量偏少。由于相当部分的立法资料无法通过公开渠道获得，使得本书对立法过程的描述和分析也是粗线条的。支撑本书的立法案例主要从《全国人民代表大会常务委员会公报》（以下简称《全国人大常委会公报》）刊载的草案说明、审议报告等整理而来。《全国人大常委会公报》作为全国人大及其常委会的官方刊物，登载了全国人大及其常委会立法过程的权威资料，因此真实性和可靠性毋庸置疑。但是关于审议过程的信息，尤其是审议过程中的具体意见，《全国人大常委会公报》并未全部刊登，因此有些法律的立法过程信息难以获得。作为补救，笔者收集并查阅了一部分曾任职于全国人大常委会的一些作者所撰写的回忆录、文集、访谈等，通过其中披露的信息尽量接近和还原真实的立法过程。

第一章　比较视野中的我国国家立法权配置

导　论

党的十九大报告指出,世界上没有完全相同的政治制度模式,不能生搬硬套外国政治制度模式。[1] 人大制度作为我国的根本政治制度,显然"不能生搬硬套",理应"长期坚持并不断完善"。其中,坚持人大既有的"一院制"组织形式,反对"两院制",历来是党的领导人反复强调的重点之一。邓小平早在1987年就指出:"西方的民主就是三权分立,多党竞选,等等。我们并不反对西方国家这样搞,但是我们中国大陆不搞多党竞选,不搞三权分立、两院制。我国实行的就是全国人民代表大会一院制,这最

---

〔1〕 参见习近平:《决胜全面建成小康社会　夺取新时代中国特色社会主义伟大胜利——在中国共产党第十九次全国代表大会上的报告》,载《人民日报》2017年10月28日,第1版。

符合中国实际。如果政策正确,方向正确,这种体制益处很大,很有助于国家的兴旺发达,避免很多牵扯。当然,如果政策搞错了,不管你什么院制也没有用。"[1]

全国人大常委会的领导人也明确反对"两院制"。1983年,时任委员长的彭真在六届全国人大会议上强调:"我们搞那种互相牵扯的上院、下院干什么?这一套是从资本主义那里来的,不适合我们的国情。……两院制,把人民的权力一分为二,自找麻烦,没有好处,只有坏处。"[2]2011年,时任委员长吴邦国在全国人大常委会工作报告中表示:"从中国国情出发,郑重表明我们不搞多党轮流执政,不搞指导思想多元化,不搞'三权鼎立'和两院制,不搞联邦制,不搞私有化。"[3]因此,反对在我国人大实行"两院制"是党和最高立法机关的共识。如果历史地看,1954年和1982年两个"宪法时刻"都曾讨论过两院制方案,但最终都是一院制的组织形式胜出。[4]

在反对和否定两院制的同时,学者们也注意到,我国人大的组织形式与通常所说的一院制相比也并不完全相同,区别是在人大之下设置常设的常务委员会的制度设计。正如封丽霞所言,"人大设置常委会是我国人大与西方议会在组织制度上一个明显的不同之处"。[5]而周叶中指出,这种非常设的代议机构内部设立常设

---

[1] 《邓小平文选》(第3卷),人民出版社1993年版,第220页。

[2] 《彭真传》编写组编:《彭真年谱(1902—1997)》(第5卷),中央文献出版社2012年版,第199-200页。

[3] 吴邦国:《在第十一届全国人民代表大会第四次会议上的讲话》,载《全国人民代表大会常务委员会公报》2011年第3号。

[4] 参见刘政:《历史上关于一院制还是两院制的争论和实践》,载《山东人大工作》2004年第1期。

[5] 封丽霞:《论全国人大常委会立法》,载周旺生主编:《立法研究》(第1卷),法律出版社2000年版,第88页。

委员会的组织形式,是社会主义代议制的制度传统和制度特色。[1] 浦兴祖则主张,认识社会主义国家代议机关的组织形式,除了院制之外,还应考虑"层次",我国人大的组织形式的准确概括应当是"一院双层"。[2] 对于这种独特的代议机关组织形式,学界的评价呈两极之势。部分学者认为,人大和常委会的双层结构设置,不仅提升了人大的整体效率,而且使人大立法都得以实现"双重审议",也为立法质量加上了"双保险"。[3] 而在另一部分学者看来,我国人大双层结构的制度设计隐含了民主与效率的内在张力乃至矛盾,是我国人大规模庞大的制度根源,人大因此应当改造组织形式,回归到典型的一院制。[4]

赞同也好,批评也罢,我国人大组织形式的特殊性是无法忽略也不应忽视的。对于本研究而言,我国国家立法权配置建基于我国全国人大独特的组织形式之上,全国人大和全国人大常委会共同行使国家立法权,并依据宪法分工配合,构成了我国独特的国家立法体制。[5] 比较的视野能够为我们提供一个定位和理解自身

---

[1] 参见周叶中:《代议制度比较研究(修订版)》,商务印书馆2014年版,第323页;高秉雄、苏祖勤:《中外代议制度比较研究》,商务印书馆2014年版,第121页。

[2] 参见浦兴祖:《人大"一院双层"结构的有效拓展——纪念县级以上地方各级人大常委会设立30周年》,载《探索与争鸣》2009年第12期。值得一提的是,政治学界往往使用"一院双层"的术语或说法(参见朱光磊:《当代中国政府过程》(第3版),天津人民出版社2008年版,第31页),而法学界并未形成较为统一或固定的表达方式。

[3] 参见贾义猛、刚威:《试论"复合一院制":现代代议机构院制理论与中国人大院制结构的现实选择》,载《南开大学法政学院学术论丛》1999年卷;浦兴祖:《人大"一院双层"结构的有效拓展——纪念县级以上地方各级人大常委会设立30周年》,载《探索与争鸣》2009年第12期;孙力:《制度选择中的交融:比较视野下的中国人大》,载《理论与改革》2016年第3期。

[4] 参见朱应平:《论人大规模、结构及其重构》,载《华东政法学院学报》2004年第3期。

[5] 封丽霞认为:"全国人大常委会立法制度既是我国政治制度和立法体制的重要组成部分,又是我国国家立法活动的重大特色所在。"封丽霞:《论全国人大常委会立法》,载周旺生主编:《立法研究》(第1卷),法律出版社2000年版,第88页。

的参照系。正如钱穆所言,"我们讨论一项制度,固然应该重视其'时代性',同时又该重视其'地域性'。推扩而言,我们该重视其'国别性'。在这一国家,这一地区,该项制度获得成立而推行有利;但在另一国家与另一地区,则未必尽然"[1]。因此,从"机关—权限"的视角切入,介绍和分析国外立法机关的组织形式以及相应的国家立法权配置,以突显我国全国人大组织形式和国家立法权配置的特色所在。需要说明的是,由于国外立法权的宪法配置较为复杂,不仅与立法机关的院制构成相关,而且往往与立法机关与行政机关、法院之间的宪制关系密切相关,因此,本章的分析只能是粗线条的初步分析。

第一节 一院制立法机关的国家立法权配置

当今世界,立法机关实行一院制的国家远远多于实行两院制的国家。表面上,这是因为议会制的发源地英国采用两院制,所以模仿英国设立议会的国家往往采用两院制。更为重要的是两院制的固有缺点。法国理论家西耶斯指出:"上议院有什么效用呢?上议院的议决若同下议院一致,则何必多此一个机关,上议院的议决若同下议院相反,则必发生许多危险。"[2]在一院制下,立法权主要由单一的国会或议会行使。但不同国家的宪法往往基于不同的宪法理念,规定行政机关的首脑如总统等掌握一定的复决或否决立法机关的权力,[3]以制约立法机关。

---

[1] 钱穆:《中国历代政治得失》,九州出版社2012年版,第4页。
[2] 萨孟武:《政治学与比较宪法》,商务印书馆2013年版,第133页。
[3] 关于立法复议权和否决权的分析,参见易有禄:《各国议会立法程序比较》,知识产权出版社2009年版,第161-168页。

一、韩国

根据韩国宪法的规定,立法权属于国会。[1] 因此,实行一院制的韩国,国会行使全部的国家立法权,立法机关内部也不存在其他主体与国会分享立法权。但韩国国会的立法权受制于总统,根据韩国宪法,国会通过的法律案由总统公布,而且必须在限定的时间内,即 15 日内。与此同时,韩国宪法仿照美国宪法,也赋予了总统有限的否决权。

但是,与下文将详述的美国总统的否决权相比,韩国总统的否决权受到的宪法约束更为严格。第一,总统的否决必须是明示的否决。宪法要求总统在收到国会通过的法案的 15 日内,附异议书退回国会,要求重新审议。第二,韩国宪法不承认总统默示的否决。不管是国会开会期间还是闭会期间,总统的异议必须于法定时间内返回。如果总统未在法定期间内公布或者要求重新审议,"该法案即确定为法律"[2]。换言之,美国总统式的"搁置否决"或"口袋否决"在韩国并不存在。[3] 第三,韩国宪法禁止总统部分否决法案,因此总统只能否定整部法案。[4] 第四,国会收到总统的异议时,有再次审议法案的宪法义务。如果再次审议法案得到绝对多数通过,则自动确定为法律。第五,在法案自动确定为法律的

---

[1] 参见孙谦、韩大元主编:《立法机构与立法制度:世界各国宪法的规定》,中国检察出版社 2013 年版,第 9 页。

[2] 孙谦、韩大元主编:《立法机构与立法制度:世界各国宪法的规定》,中国检察出版社 2013 年版,第 10 页。

[3] 参见易有禄:《立法权的宪法维度》,知识产权出版社 2010 年版,第 244 页。

[4] 参见孙谦、韩大元主编:《立法机构与立法制度:世界各国宪法的规定》,中国检察出版社 2013 年版,第 10 页。

情形下,总统应在5日内公布,否则该法律由国会议长公布。[1] 总而言之,韩国总统的否决权受到宪法明确且严格的限制。

概括而言,韩国立法权主要由国会行使,总统享有有限的否决权以实现权力的制衡。[2]

二、葡萄牙

根据葡萄牙宪法,共和国议会是代表全民的议会。[3] 其负责制定除宪法分配给政府的事项之外的一切法律。就程序而言,葡萄牙议会制定法律主要经过提案、委员会审议、全院大会审议和表决等阶段。[4] 但是,葡萄牙议会制定法律还受到来自宪法法院和总统两方面的牵制。

第一,宪法法院的事先合宪性审查。葡萄牙设立了专门的宪法法院,审查包括法律在内的规范性文件的合宪性,而且既可以事先审查,也可以事后审查。[5] 这意味着,议会通过的法律可能被宪法法院否决而无法生效。根据葡萄牙宪法,宪法法院对议会法律的事先审查主要包括两种情形:一是呈送总统签署的法律草案,总统可以要求宪法法院对其中的任何规定进行事前的合宪性审查;二是总理和五分之一的议会议员可以对呈送总统签署的组织

---

〔1〕 参见孙谦、韩大元主编:《立法机构与立法制度:世界各国宪法的规定》,中国检察出版社2013年版,第10页。

〔2〕 在韩国,法律通过后还可能受到宪法裁判所的事后审查,但这种审查与立法权的配置无关,此处不赘。参见易有禄:《立法权的宪法维度》,知识产权出版社2010年版,第241页。

〔3〕 参见孙谦、韩大元主编:《立法机构与立法制度:世界各国宪法的规定》,中国检察出版社2013年版,第145页。

〔4〕 参见孙谦、韩大元主编:《立法机构与立法制度:世界各国宪法的规定》,中国检察出版社2013年版,第153-156页。

〔5〕 参见易有禄:《立法权的宪法维度》,知识产权出版社2010年版,第95页。

法草案中的任何规定进行事前的合宪性审查。[1]

第二,总统的立法复议权。葡萄牙宪法规定,议会通过的任何法律草案,如未经总统颁布或签署均属无效。[2] 并且,自接到议会通过的法律草案或宪法法院裁决合宪的法律草案20日内,总统有权要求议会进行立法复议,并附理由。一旦议会以绝对多数票再次通过该法律草案,则总统必须在8日之内公布。[3]

可见,葡萄牙的国家立法权主要由一院制议会行使,但议会立法需要接受来自宪法法院和总统的制衡。

第二节 两院制立法机关的国家立法权配置

两院制是当今世界立法机关的重要组织形式之一,是联邦制国家立法机关的主流。根据两院关系的不同,两院制立法机关又可以细分为平行的两院制和不平行的两院制两种类型。[4] 平行的两院制指的是,组成立法机关的两个议院权力大体平等,一个议院不具有高于另一个议院的优先地位。而不平行的两院制则意味着,两院之中的下院具有优于上院的宪法地位。判断两院制是平行的还是不平行的关键在于,一个议院的意志在特定情况下是否能作为整个立法机关的意志。一般而言,"第二院服从第一院是常

---

〔1〕 《葡萄牙共和国宪法》第278条。参见孙谦、韩大元主编:《宪法实施的保障:世界各国宪法的规定》,中国检察出版社2013年版,第115-116页。

〔2〕 参见孙谦、韩大元主编:《宪法实施的保障:世界各国宪法的规定》,中国检察出版社2013年版,第183页。

〔3〕 参见易有禄:《立法权的宪法维度》,知识产权出版社2010年版,第98-99页。

〔4〕 平行的两院制又称对称的两院制,而不平行的两院制则又称为不对称的两院制。参见[美]阿伦·利普哈特:《民主的模式——36个国家的政府形式与政府绩效》,陈崎译,上海人民出版社2017年版,第161-162页。

见的模式"[1]。在平行的两院制下,两院达成合意是立法成立的必经程序;而在不平行的两院制下,依照宪法规定或者宪法惯例,在某些特定情形下,一个议院的意志可以代表整个立法机关的意志,无须另一个议院的同意。以下分别考察两种类型的两院制立法机关的国家立法权配置。

一、平行两院制立法机关的国家立法权配置

(一)美国

美国国会是平行两院制立法机关的典型代表。根据美国宪法第1条第1款,由参议院和众议院组成的国会行使宪法授予的所有立法权。[2] 除了在权力配置上有些微差别外,如征税议案必须由众议院优先提出,再如总统签署的条约需要经参议院同意,两院之间的权力配置基本是平等的,尤其是立法必须经两院达成一致才能送交总统签署。

美国国会受多重因素影响,如母国英国的样板作用、殖民地时期形成的传统以及平衡联邦与州关系,采用了两院制的组织形式。制宪者精心设计了两院制的诸多制度细节,有意将二者区分开来:第一,任职条件。众议员应年满25岁、获得美国公民资格满七年,参议员则应当年满30岁、获得美国公民资格满九年,但二者当选时都必须是其选出州的居民。第二,选举方式。众议员按照一定的人口比例选举产生,而参议员则固定为每州两名,早期由州议会选举,1913年生效的宪法修正案则改为由州的人民选举产生。第三,任期不同。众议员的任期只有两年,而参议员的任期则长达六

---

[1] [美]阿伦·利普哈特:《民主的模式——36个国家的政府形式与政府绩效》,陈崎译,上海人民出版社2017年版,第161-162页。

[2] 参见孙谦、韩大元主编:《立法机构与立法制度:世界各国宪法的规定》,中国检察出版社2013年版,第391页。

年。第四,改选方式不同。众议员每两年全部改选,而参议员则每两年只改选三分之一。

通过以上的精心设计,美国制宪者旨在将参议院打造成为整个政府中"精选而稳定的组成部分"[1]。与众议院相比,参议院不仅人数少,任期长从而独立性强,并且因为改选规则而人数长期稳定。较之于众议院对于回应民意的敏感度,参议院则更为稳定和连续,也更能做到深思熟虑。以改选规则为例,众议院每两年彻底改选,而参议院每两年只改选三分之一,再加上六年的长任期,使得立法机关的组成人员处于交叉轮换的状态。[2] 在美国制宪者眼中,这样看似繁复的制度设计其实是建设性的,"政治经验和见解不至于因为同时轮换而损害政策的连续性,这有助于增强政治审议的质量"[3]。正如威尔逊所言,"由于选举方式不同,而且议员席位的保留时间更长,因此,对于众议院始终服从的来自大众选区的突发奇想,参议院几乎不会有冲动去逢迎顺从"[4]。

之所以着力将参议院打造成精选且稳定的议院,是因为美国制宪者希望达到两个目的:一是通过立法机关内部的分权来实现

---

[1] [美]汉密尔顿、杰伊、麦迪逊:《联邦党人文集》,程逢如、在汉、舒迅译,商务印书馆1980年版,第319页。

[2] 美国制宪者认为:"规定的任期将使他们有机会极大地扩大政治见闻,并积累经验更好地为国效劳。制宪会议同样慎重地规定经常改选参议员的方法,以防不时地把这些重大事务全然交托给新人的情况;使原参议员中相当一部分留任,将可保持稳定和秩序,以及官方见解的始终一贯。"[美]汉密尔顿、杰伊、麦迪逊:《联邦党人文集》,程逢如、在汉、舒迅译,商务印书馆1980年版,第328页。

[3] 姜峰:《立宪选择中的自由与权威——联邦党人的政治与宪法思想》,法律出版社2011年版,第146页。

[4] [美]伍德罗·威尔逊:《国会政体:美国政治研究》,黄泽萱译,译林出版社2019年版,第137页。

制衡,以防范多数的暴政;[1]二是一部法案经由因组成和规则不同进而视角不同的两个议院审议,能够丰富决策过程,进而提高决策质量。[2] 实际上,美国宪法设计的总统有限否决权、司法审查、权利法案等制度也都不同程度上融入了以上双重考量。[3] 以与立法密切相关的总统有限否决权为例,美国宪法赋予总统否决参众两院一致通过的法案的权力,但国会再次以三分之二的多数一致通过的话,法案无须总统签署即可生效,也就是说,国会也有反制总统否决的手段。[4] 这样的规定,一方面是为了赋予总统"有效的自卫能力",免受立法机关的侵犯;另一方面,"它不仅是总统权力的保障,而且可以成为防止不正当立法的保障。它可以成为对立法机关的有意牵制,使社会免受多数议员的一时偏见、轻率、意气用事的有害影响。"[5] 由此看来,防范多数的暴政和优化决策质量是贯穿美国国会制度乃至整个宪法制度的核心线索之一。

就立法而言,美国国会享有全部的立法权,总统因为掌握了有限否决权而在某种意义上分享了部分立法权。曾任美国总统的威

---

[1] 美国制宪者认为:"参议院,作为立法机关的第二分支,有别于第一分支而又与之分享权力,一定会在一切情况下都能成为对于政权的一种值得赞赏的制约力量。"[美]汉密尔顿、杰伊、麦迪逊:《联邦党人文集》,程逢如、在汉、舒逊译,商务印书馆1980年版,第315页。

[2] 对于美国制宪者通过复杂精巧的设计以期望优化决策过程的分析,参见姜峰:《立宪选择中的自由与权威——联邦党人的政治与宪法思想》,法律出版社2011年版,第50-57页。

[3] 姜峰在中国语境下细致分析了美国宪法两院制、司法审查、总统有限否决权等制度设计的双重功能,参见姜峰:《违宪审查:一根救命的稻草?》,载《政法论坛》2010年第1期;姜峰:《权利宪法化的隐忧——以社会权为中心的思考》,载《清华法学》2010年第5期;姜峰:《多数决、多数人暴政与宪法权利——兼议现代立宪主义的基本属性》,载《法学论坛》2011年第1期。

[4] 参见孙谦、韩大元主编:《立法机构与立法制度:世界各国宪法的规定》,中国检察出版社2013年版,第393页。

[5] [美]汉密尔顿、杰伊、麦迪逊:《联邦党人文集》,程逢如、在汉、舒逊译,商务印书馆1980年版,第372-373页。

尔逊指出,"总统除了是行政机关名义上的首长外,就其享有的否决权来说,还是立法机关的第三分支。"[1]着眼于立法过程的话,一部法案要经过参议院和众议院一致同意并经总统签署才能成为法律,而在两个议院内部则要经历提案、审议和表决等环节。[2]如果总统以明示或默示的方式行使了否决权,[3]则法案面临两种命运:要么因否决而无效,要么两院再次以绝对多数通过无须总统批准而自动生效。[4] 在此需要强调的是,法案送交总统签署前参众两院必须达成一致,不存在下文日本国会在法定的特殊情况下,以某一院的意志作为国会的整体意志。

概括而言,美国国会两院制组织形式和总统有限否决权,除了以分权的方式达到制衡的目的外,还蕴含了审议民主的要素。另外,参议院的设置还意在表达组成联邦的州的利益。因此,美国的立法权配置是多重因素综合作用的制度产物。

(二)意大利

根据意大利宪法,议会由众议院和参议院组成,两院共同行使立法职能。[5] 众议院和参议院的选举方式不同,前者依照人口比

---

[1] [美]伍德罗·威尔逊:《国会政体:美国政治研究》,黄泽萱译,译林出版社2019年版,第164-165页。

[2] 由于立法的程序细节与本文无关,此处不赘。关于美国立法程序的详细介绍,参见易有禄:《立法权的宪法维度》,知识产权出版社2010年版,第175-184页。

[3] 所谓明示的否决指的是总统对国会两院一致通过的法案不予签署并附异议书,于该法案送达总统10日内(除星期天外)退回国会;所谓默示的否决则是指,在国会送交总统签署法案的10日内(除星期天外),恰逢国会休会或者闭会,总统既不签署也不退回国会,则视为否决。总统的默示否决也称为"搁置否决"或"口袋否决"。参见易有禄:《立法权的宪法维度》,知识产权出版社2010年版,第182-183页。

[4] 据统计,1789—2008年,总统共行使2550次否决权,而被国会以绝对多数通过的次数仅有106次,国会推翻总统否决的概率仅为4%左右。参见易有禄:《立法权的宪法维度》,知识产权出版社2010年版,第183页。

[5] 参见孙谦、韩大元主编:《立法机构与立法制度:世界各国宪法的规定》,中国检察出版社2013年版,第246、249页。

例选举,而后者则以地区为单位进行选举,与法国等异而与美国同,意大利议会的两院权力基本对等,属于平行的两院制。[1] 也就是说,参众两院就一项法案达成一致意见,该法案就被议会通过。

在立法程序上,参众两院大致都要经历提案、委员会审议、全院会议审议和表决等阶段。[2] 相比之下,议会的立法权受到两方面的制度约束:第一,总统的立法复决权。意大利宪法第74条规定,总统在公布法律前,可以向两院提交附有理由的咨文,要求议会重新审议。当议会两院重新通过该法律时,总统必须公布;当议会两院否决该法律时,则该法律被否决。[3] 第二,全民公投有权废止某部法律。意大利宪法第75条规定,当有50万选民或5个地区议会提出全部或部分废止某部法律或某个具有法律效力的文件时,应举行全民公投。同时宪法规定,税收等特定事项的立法不在全民公投废止之列。[4]

总体而言,意大利的国家立法权主要由平行的两院组成的议会行使,只有在特定条件下,受到总统立法复决权和全面公投的制约。

二、不平行两院制立法机关的国家立法权配置

所谓不平行的两院制,指的是构成立法机关的两个议院的地位并不平等,其中一个议院的地位要优于另一个议院的代议机关

---

〔1〕参见尹中卿等:《国外议会组织架构和运作程序》,中国民主法制出版社2010年版,第406-407页。

〔2〕参见易有禄:《立法权的宪法维度》,知识产权出版社2010年版,第66-67页。

〔3〕参见孙谦、韩大元主编:《立法机构与立法制度:世界各国宪法的规定》,中国检察出版社2013年版,第249页。

〔4〕参见孙谦、韩大元主编:《立法机构与立法制度:世界各国宪法的规定》,中国检察出版社2013年版,第249-250页。

组织形式。通常来说,在不平行两院制国家,下院的地位要优于上院。

(一)英国

英国被称为"议会之母"。[1] 从法理上讲,英国议会由君主和议会两部分构成,即"君临议会"。但由于君主的行为模式受制于宪法惯例,只是一个虚位元首,因此通常不将君主作为英国议会的构成部分考虑在内。[2] 不过,从历史演进的角度来看,君主曾经是英国政治的决定性力量,而议会在很长一段时期内都扮演着君主身边"咨询机关"的角色。随着资产阶级的崛起以及革命的爆发,议会通过手中掌握的财权与君主博弈,逐步成长为代表民意的立法机关,而君主的角色则一步步暗淡下去,转而成为受宪法惯例约束的虚君。

英国议会不仅是两院制立法机关的源头,而且是不平行两院制的制度原型。在议会发展的早期阶段,两院构成不同,上议院主要由高级教士和封建贵族组成,而下议院则容纳了新兴的资产阶级力量。等级的分殊造成了实力的差异,上议院在当时的影响力远在下议院之上。但随着资本主义民主化进程,普选权逐步扩大,由民选产生的下议院在英国政治中的正当性逐步建立并巩固起来,经过一系列的议会改革,如1911年议会法,实力的天平逐渐从向上议院倾斜转而向下议院倾斜。正如英国议会问题专家诺顿所言,"20世纪初的上议院还是一个由世袭议员所组成的下议院的平行议院,而到了20世纪末,它已经变为一个凭借自身能力获选的

---

[1] 参见蒋劲松:《议会之母》,中国民主法制出版社1998年版,第1页。

[2] 参见[美]菲利普·诺顿:《英国议会政治》,严行健译,法律出版社2016年版,第13页。

议员组成的辅助性议院"[1]。目前来看,"非经选举的上议院在位阶上低于下议院。在两院间出现分歧时,下议院将可以坚持其意见。由此,英国议会制度属于'非对称两院制'形式。"[2]总而言之,英国议会不仅是"议会之母",而且是"两院制议会之母"。历经演进,如今的英国议会属于不平行两院制的典型代表。

英国议会两院的不同首先体现在构成上,而议员的民选与否决定了两个议院权力的大小。下议院是由民选议员组成的民主议院,而上议院在很长时间内都是由贵族把持的贵族型上议院。但在民主时代,"一个非经选举产生的机构逐渐变得无法抵御来自民选机构的诉求"[3]。上议院的权力和构成都先后经历了改革。在权力方面,1911年和1949年通过的议会法限缩了上议院的权能,规定在某些情形下以下议院的决议作为整个议会的决议。"该法以法律条文的形式宣告了上议院的从属地位"[4]。在构成方面,1999年的上议院法则取消了超过550名世袭贵族的上议员资格,将其改造为"一个主要由终身贵族构成的议院"[5]。

在立法过程中,英国议会两院之间的立法关系主要靠不成文的惯例和成文的立法予以规范。同样地,下议院相对于上议院的优位也是靠不成文的惯例和成文的立法取得和维持的。典型的不成文惯例有,征税和支出的批准权由下议院行使,上议院尽管可以

---

〔1〕[美]菲利普·诺顿:《英国议会政治》,严行健译,法律出版社2016年版,第30-31页。

〔2〕[美]菲利普·诺顿:《英国议会政治》,严行健译,法律出版社2016年版,第14页。

〔3〕[美]菲利普·诺顿:《英国议会政治》,严行健译,法律出版社2016年版,第30页。

〔4〕[美]菲利普·诺顿:《英国议会政治》,严行健译,法律出版社2016年版,第31页。

〔5〕[美]菲利普·诺顿:《英国议会政治》,严行健译,法律出版社2016年版,第33页。

提出修正案,但依照宪法惯例该修正案不会被接受。[1] 在成文法方面,1911年和1949年的议会法都明确从程序上限制了上议院的权力:第一,下议院通过的金钱法案,上议院无权否决,仅有权搁置,而且搁置的时间为一个月;一个月后下议院通过的法案可以在无须上议院批准的情况下直接提交君主"批准"。第二,金钱法案之外的其他公法案,下议院通过后上议院有权搁置一年;一年后下议院通过的法案可以在无须上议院批准的情况下直接提交君主"批准"。[2] 可见,上议院无权否决下议院通过的法案,仅有权搁置或修改。对于上议院的立法作用,英国学者评论道:"由第二个立法院来对立法进行细致检视大概是英国议会制度独一无二的特色,这样便允许有反思和'校正'的时间。不管哪一党执政,上院立法工作的这一面向不会改变。"[3] 一般而言,一部法案经由两院达成一致意见并送交君主批准即可成为法律。[4]

英国作为不成文宪法国家,其议会制度同时受到不成文的宪法惯例和成文的议会立法双重约束和塑造。整体而言,目前英国议会立法以下议院为主力,上议院扮演辅助者的角色。在大多数情况下,立法由两院通过方能生效,而在个别情况下,下议院的意志即可代表整个议会的意志,无须上议院的同意。不管哪种情形,上议院更多的时候都只是起着修改法案并促使下议院更加深思熟虑的作用。

---

〔1〕 参见[英]罗伯特·罗杰斯、罗德里·沃尔特斯:《议会如何工作》,谷意译,广西师范大学出版社2017年版,第252页。

〔2〕 参见[英]罗伯特·罗杰斯、罗德里·沃尔特斯:《议会如何工作》,谷意译,广西师范大学出版社2017年版,第252-253页。

〔3〕 [英]罗伯特·罗杰斯、罗德里·沃尔特斯:《议会如何工作》,谷意译,广西师范大学出版社2017年版,第252-253页。

〔4〕 由于普通的立法程序细节与本文的要旨无关,此处不赘,详细分析参见尹中卿等:《国外议会组织架构和运作程序》,中国民主法制出版社2010年版,第58-72页。

(二)日本

据统计,世界上联邦制国家基本都采用两院制,而单一制国家则以一院制为主流。但日本作为单一制国家却采用了两院制。[1] 根据日本宪法,国会是最高国家权力机关,也是唯一的国家立法机关。[2] 在董璠舆看来,唯一的立法机关的宪法规定,表明日本的立法权由国会独占,内阁只能为执行法律或基于法律委托而发布政令。[3]

日本国会由民选的参议院和众议院两个议院组成。由于深受美国国会体制的影响,日本国会两院的构成与美国国会类似,众议院和参议院的任期和改选规则有所不同:众议院由任期四年的议员组成,而参议院任期六年并且每三年改选一半的参议员。同时,日本也对美国式的参议院作了本土化改造,由于单一制下不需要第二院来代表地方利益,日本参议院采用普选的方式产生,而且通过长任期(六年)和部分改选规则(每三年改选一半)两种制度设计来增强参议院的独立性和连续性,以期其能成为"熟虑与均衡的议院"。[4] 也就是说,参议院的存在寄托了制宪者通过设置第二院以制衡民选众议院的宪法理念。[5]

在两院关系上,日本国会采用的是不平行的两院制,众议院要优位于参议院。通常情况下,国会的决议以两院达成一致为准。

---

〔1〕 参见牟宪魁:《为什么是两院制?——日本立法过程论的课题与展望》,载《甘肃政法学院学报》2012年第2期。

〔2〕 参见孙谦、韩大元主编:《立法机构与立法制度:世界各国宪法的规定》,中国检察出版社2013年版,第12页。

〔3〕 参见董璠舆:《论日本国会的立法程序》,载《外国问题研究》1982年第4期。

〔4〕 关于日本国会借鉴美国国会的过程以及具体特点,参见牟宪魁:《为什么是两院制?——日本立法过程论的课题与展望》,载《甘肃政法学院学报》2012年第2期。

〔5〕 但由于参议院和众议院都由民众直接选举的代表构成,二者在代表制上不存在差异,所以日本国内也有"参议院不过是众议院的翻版"的声音存在。参见[日]岩井奉信:《立法过程》,李薇译,经济日报出版社1990年版,第58页。

但在日本宪法规定的特定情况下,以众议院的决议作为国会的决议,主要表现在:其一,内阁的预算案必须先在众议院提出,而且当众议院同意而参议院有异议时,可以举行两院协议会[1]进行协调。两院协调后如仍不能达成一致,经过法定的时间后,以众议院的决议作为整个国会的决议。[2] 其二,当参众两院就法律案意见不一致时,众议院可以提出举行两院协议会,而且如果众议院以出席议员的三分之二以上多数再次通过该法律案,就以众议院的决议作为国会的决议。[3]

参议院相对于众议院的劣势还体现在,当众议院解散时,参议院可以应国家紧急需要而召开紧急会议。但是,参议院在紧急会议期间所采取的措施都是"临时性的"。这些临时性措施必须在下届国会开会10日内获得众议院的同意,否则即为无效。[4] 也就是说,紧急情况下参议院的决议仍不能代表国会的决议,必须得到众议院的事后认可。不过,日本国会不平行两院制下的众议院优位,在实践中也存在偏离日本宪法规范设定的现象,主要是自2007年开始出现所谓的"扭曲国会"。具体来说,2007年和2010年两次参议院选举后,在野党占据了多数席位。他们利用手中的否决权频频否决众议院通过的决议,从而造成法案难以通过的立法僵局。[5] "强势参议院"的出现,使原本指望其制衡众议院多数、实

---

〔1〕 关于两院协议会的介绍,参见董璠舆:《论日本国会的立法程序》,载《外国问题研究》1982年第4期。
〔2〕 参见孙谦、韩大元主编:《立法机构与立法制度:世界各国宪法的规定》,中国检察出版社2013年版,第14页。
〔3〕 参见孙谦、韩大元主编:《立法机构与立法制度:世界各国宪法的规定》,中国检察出版社2013年版,第14页。
〔4〕 参见孙谦、韩大元主编:《立法机构与立法制度:世界各国宪法的规定》,中国检察出版社2013年版,第13页。
〔5〕 参见牟宪魁:《为什么是两院制?——日本立法过程论的课题与展望》,载《甘肃政法学院学报》2012年第2期。

现审慎立法的制宪目标落空,反而造成了国会僵局,引发了日本学者的担忧和反思。[1]

概括而言,日本国会是单一制国家立法机关中实行两院制的典型代表。其国会第二院也就是参议院的设置,本意在于制衡众议院、抑制多数的冲动,但在实践中,由于执政党与在野党分别控制众议院和参议院的多数,导致不仅宪法上的众议院优位难以实现,而且造成国会僵局,立法过程阻滞。此外,日本的国会作为唯一的立法机关,立法权集中于国会之手,在多数情况下由两院达成合意进行立法,而在少数法定情形下,众议院的决议即可被视作国会的决议。

(三)法国

与日本同为单一制国家的法国,其议会组织形式也采用了两院制。根据法国1958年第五共和宪法,法国议会由国民议会和参议院两部分组成。[2]而且,法国宪法明确区分了两个议院不同的组成和职能,形成了不平衡的两院制议会。

首先,国民议会代表国家主权,由直接选举产生的国民议员组成。国民议会由577名议员组成,任期五年,到期全部改选。[3]

其次,参议院由间接选举产生的参议员组成。参议员由国民议会议员、省参议员以及市议会议员代表组成的各省选举团选举产生。参议员的选举方式体现了法国宪法所要求的"参议院应保

---

[1] 参见[日]冈田信弘、于宪会:《议院内阁制·政权更替·国会运营——围绕日本国会审议、决定程序的诸问题》,载《甘肃政法学院学报》2012年第2期。

[2] 参见孙谦、韩大元主编:《立法机构与立法制度:世界各国宪法的规定》,中国检察出版社2013年版,第115页。

[3] 参见尹中卿等:《国外议会组织架构和运作程序》,中国民主法制出版社2010年版,第139页。

证共和国各地方公共团体的代表性"。[1] 再加上,参议员的任期长达九年,且每三年改选三分之一,使得参议院在代表地方利益之外,还兼具优化议会决策的制度目标。对此,影响法国现行宪法至深的戴高乐曾指出:"法律和预算应由一个直接普选产生的议会最后通过,这是显而易见的,理所当然的。但是,这个议会的初步动议,未必是完全有远见而明智的,所以必须通过另一种选举方式再组成一个议会,以对第一个议会的议案进行审查、修改和提出建议。""既然全国政治的主流必然反映在众议院里,那么地方生活也应当有它们的倾向的权利。"[2] 以此观之,参议院的设置,一方面是为了制衡国民议会,促进其作出更好的决策,另一方面则在于代表地方利益。

最后,议会两院之间的关系是不平衡的,象征人民主权的国民议会要优越于代表地方的参议院。主要表现在:政府与议会之间的责任机制主要体现为政府要对象征人民主权的国民议会负责;当两院在立法过程中出现不一致时,国民议会拥有最终裁决权;等等。[3] 不过,实践则远比宪法文本复杂得多,两院之间的关系在不同领域甚至不同时期表现也不尽相同,往往处于动态发展的过程之中。例如,在立法技术方面二者更多的是合作关系,国民议会通过的法律文本要借助于经验丰富的参议院的细致修改,而更多代表地方利益的参议院在某些时刻也可能与政府一道对国民议会

---

〔1〕 参见孙谦、韩大元主编:《立法机构与立法制度:世界各国宪法的规定》,中国检察出版社 2013 年版,第 115 页。

〔2〕 尹中卿等:《国外议会组织架构和运作程序》,中国民主法制出版社 2010 年版,第 139 页。

〔3〕 参见尹中卿等:《国外议会组织架构和运作程序》,中国民主法制出版社 2010 年版,第 139 页。

进行制衡。[1]

　　鉴于第四共和国宪法实施期间议会权力过大导致政府不稳定的经验和教训,法国第五共和宪法着力压缩议会的权能,形成了"重总统轻议会、重行政轻议会"的宪制结构。[2] 尤其是在立法权的配置上,议会两院不再独占立法权,而是必须与政府、总统甚至宪法委员会分享。尽管法国宪法规定"议会投票通过法律",赋予了议会立法职能,但议会通过的未必就能成为法律,还需要受到其他主体的制约。第一,总统的立法复决权。法国议会通过法律后须送交政府,由总统在15日内公布。接到议会通过的法律后,"总统得要求议会就该项法律或该法律的某些条文重新进行审议。议会不得拒绝重新审议"。[3] 总统的"立法复议权"旨在督促议会再次审议法案的全部或一部。[4] 但,这也意味着复议的结果可能是法案被否决。第二,法国宪法委员会的事先合宪审查权。第五共和国宪法设立宪法委员会的目的之一即监督议会和政府之间的宪法分权,尤其是议会的立法权。法国宪法委员会对议会立法权的监督存在多种形式。例如,根据法国宪法第46条,议会通过的组织法必须经过法国宪法委员会审查宣布合宪之后才能公布。[5] 再如,法定主体还可以在法案由议会通过后、公布前,向法国宪法

---

〔1〕 参见尹中卿等:《国外议会组织架构和运作程序》,中国民主法制出版社2010年版,第139页。

〔2〕 参见尹中卿等:《国外议会组织架构和运作程序》,中国民主法制出版社2010年版,第98页。

〔3〕 参见尹中卿等:《国外议会组织架构和运作程序》,中国民主法制出版社2010年版,第182页。

〔4〕 关于立法复议权的分析,参见易有禄:《比较立法程序》,知识产权出版社2009年版,第163页。

〔5〕 参见孙谦、韩大元主编:《立法机构与立法制度:世界各国宪法的规定》,中国检察出版社2013年版,第121页。

委员会提出合宪性审查请求。第三,在立法过程中,政府在多个环节能够对议会立法施加影响,甚至主导立法。[1]

概括而言,法国的国家立法权并不由议会独享,法国宪法在议会、总统、政府和法国宪法委员会之间对立法权限进行了配置。它们既有分工合作,又相互制衡,形成了高度复杂的立法体制。

结　语

立法机关的组织形式与一国国情密切相关,没有一定之规,更没有放之四海而皆准的固定模式。例如,同样是两院制立法机关,美国是联邦制国家,而英国、日本和法国都属于单一制国家。再如,同为单一制国家,日本参议院的设置突出优化决策质量的考量,而法国的参议院除了优化决策质量,还承担着表达地方利益的职能。因此,国家立法权如何配置受一国的政治体制、历史传统等具体国情的影响。

横向的国别比较可以发现,分权制衡往往是贯穿资本主义国家立法权配置的核心原则。这体现在多个方面:既有立法机关内部的分权制衡,如两院制下两个议院之间的分权与制衡;也有立法机关与行政机关之间的分权制衡,如韩国、美国、葡萄牙总统通过立法复议或立法否决对立法机关的牵制与反制。还有一个值得注意的趋势是,专门的宪法法院或宪法委员会越来越多地通过事前

---

[1] 参见尹中卿等:《国外议会组织架构和运作程序》,中国民主法制出版社2010年版,第118—119页。

审查的方式介入立法过程,以约束立法机关,如法国和葡萄牙。[1]在分权制衡原则支配下配置国家立法权,可能会收到决策质量高等正面效果,但也往往付出了效率的代价,甚至常常陷入决策僵局,久拖不决,典型的如日本国会两院之间相互掣肘,互不退让。

此外,优化立法决策的质量,构成了分权制衡原则的补充,主要体现在总统等其他主体与立法机关一定程度参与国家立法权的制度设计。美国总统和韩国总统的立法否决权,除了避免立法机关"多数的暴政"之外,还旨在促使立法机关再次审视自己的立法,以提升立法的品质。葡萄牙和法国总统的立法复议权显然也起着类似的功能,而专门的宪法法院和宪法委员会执掌的合宪性审查权也可作如是观。

比较的视角突显了我国最高立法机关的组织形式和立法权配置的"中国性"。在组织形式上,非常设的全国人大和常设的全国人大常委会共同组成了我国"一院双层"的国家立法机关。这既明显区别于一院制立法机关,也显然不同于两院制立法机关,[2]已经沉淀为我国民主政治和代议制度的传统。进一步而言,建基于"一院双层"组织形式之上的我国国家立法权配置,与西方资本主义国家立法权配置强调分权制衡不同,贯彻的是民主性与有效性

---

〔1〕 姜峰认为,违宪审查,不管事前还是事后,除了传统上认为的维护法制统一、保障基本权利等功能外,还具有解决政治纠纷的作用,即少数派即使是在议会立法过程中输掉了,还能通过违宪审查的方式表达自己的诉求。如此一来,违宪审查就使少数派多了一个表达自己声音的渠道。参见姜峰:《立宪主义与政治民主:宪法前沿十二讲》,华中科技大学出版社2013年版,第75页。葡萄牙宪法规定,只需要五分之一的议员提出请求,宪法法院就可以对组织法草案的合宪性进行事先审查,显然体现了保护少数派的意蕴。参见孙谦、韩大元主编:《宪法实施的保障:世界各国宪法的规定》,中国检察出版社2013年版,第115—116页。

〔2〕 值得一提的是,不平行的两院制立法机关在某些情形下会以下议院的意志作为整个立法机关的意志,此时法律的外部效力还是由整个立法机关的意志作为基础的,因此也与我国全国人大常委会立法存在显著不同。

并重的宪法理念:民主性体现在全国人大作为最高立法机关,制定基本法律,并且对全国人大常委会进行监督,而有效性则体现在全国人大和全国人大常委会分工配合、共同行使国家立法权,以提高立法的效率。[1] 具体而言,全国人大高于全国人大常委会并对其进行单向监督的制度设计,与我国人大至上的政权组织形式以及人大之下不同国家机关分工配合形成制度效能的横向权力配置模式相一致,而与西方分权制衡的权力配置原则截然相反,并形成鲜明对照。[2] 与此同时,全国人大和全国人大常委会分工行使国家立法权,前者制定重要的基本法律,后者经常性地制定非基本法律,体现的是国家立法权"合理分工"以提升机构效能的宪法理念和宪法设计,[3] 也迥异于西方国家立法权配置模式。概括来说,分工与效率才是我国国家立法权配置的核心原则。[4]

---

[1] 浦兴祖认为,我国人大"一院双层"的组织结构,蕴含着我们对代议"效率"的理解与追求和对"国大人多"条件下代议机关经常运行的考虑。参见浦兴祖:《人大"一院双层"结构的有效拓展——纪念县级以上地方各级人大常委会设立30周年》,载《探索与争鸣》2009年第12期。而王旭更是认为,"民主正当性"和"治理有效性"是贯穿现行宪法国家权力配置的主线,也是现行宪法追求的双重目标。参见王旭:《作为国家机构原则的民主集中制》,载《中国社会科学》2019年第8期。

[2] 参见林彦:《国家权力的横向配置结构》,载《法学家》2018年第5期。此外,在人大监督权行使方面,我国也形成了独特的"支持型监督"的监督模式,同样迥异于西方分权制衡模式下的对抗性监督模式。参见蒋清华:《支持型监督:中国人大监督的特色及调适——以全国人大常委会备案审查为例》,载《中国法律评论》2019年第4期。

[3] 参见王旭:《国家监察机构设置的宪法学思考》,载《中国政法大学学报》2017年第5期;钱坤、张翔:《从议行合一到合理分工:我国国家权力配置原则的历史解释》,载《国家检察官学院学报》2018年第1期。

[4] 分工与效率的权力配置理念不仅体现在横向的国家立法权配置上,也体现在纵向的央地立法权配置上。详细讨论参见沈寿文:《"分工型"立法体制与地方实验性立法的困境——以〈云南省国家公园管理条例〉为例》,载《法学杂志》2017年第1期。

第二章　我国国家立法权配置的历史变迁

导　论

"历史是重要的。其重要性不仅在于我们可以从历史中获取知识,还在于种种社会制度的连续性把现在、未来和过去连结在了一起。现在和未来的选择是由过去所型塑的,并且只有在制度演化的历史话语中,才能理解过去。"[1]简而言之,制度变迁往往具有贯穿过去、现在与未来的连续性。从诺思的制度变迁理论来看,尽管学界的关注度一直较高,但却很少从制度变迁的维度细致审视我国国家立法权配置。一部分论者在回顾我国立法历程的文章中主要着眼于成就,充分肯定我国国家立法取得的历史性进步和当前较

---

[1] [美]道格拉斯·C.诺思:《制度、制度变迁与经济绩效》,杭行译,格致出版社、上海人民出版社2008年版,第1页。

好的成绩。[1] 而另一部分论者只是对我国国家立法体制的演变过程进行简单描述,并未深入论析这一变迁过程所蕴含的经验和教训等深层信息。[2] 此外,既有研究成果除了深度不足,还缺乏系统性,多是在相关的论述中顺带提及,至今仍缺少将我国国家立法权配置单独作为研究对象的全面分析。这显然与国家立法权配置的重要性不相匹配。立法权配置是立法体制的前提性问题,关系到立法权限在不同立法主体之间如何分配,因此只有首先解决了立法权配置问题,方能进行后续的立法程序等配套设计,立法活动也才能顺利展开。因此,研究我国国家立法,如何配置国家立法权是首要问题。

本章聚焦于我国国家立法权配置的历史变迁,针对既有研究的不足,尝试从以下两个方面予以深入:第一,细致梳理我国国家立法权配置的变迁过程。我国的人大制度始于模仿苏联的苏维埃制度,正式确立于1954年宪法的相关规定。经历了早期的制度模仿阶段后,为适应我国的国情,人大制度先后经历或大或小的调整和变革,相比于制度原型,整体面貌已经发生不小的变化。因此,考察我国国家立法权配置的历史,应当追根溯源,并将其置于我国人大制度演进的宏观图景之中。第二,借鉴历史制度主义的分析工具。法学界对我国国家立法权配置的研究,要么缺乏明确的观察视角停留在泛泛而论,要么面临解释学视角无法有效解读制度变迁的尴尬,因此需要引入新的视角做深入系统的探究。相比之下,同样关注立法机关和立法问题的政治学界则做了较好的理论

---

[1] 参见刘松山:《国家立法三十年的回顾与展望》,载《中国法学》2009年第1期;胡健:《改革开放四十年国家立法》,载《地方立法研究》2018年第6期。

[2] 参见周旺生:《中国立法五十年(上)——1949—1999年中国立法检视》,载《法制与社会发展》2000年第5期;陈斯喜:《新中国立法60年回顾与展望》,载《法治论丛》2010年第2期。

探讨,并积累了一些优秀的研究成果。[1] 秉持"拿来主义"的态度,本章尝试运用政治学理论中的新制度主义流派中的历史制度主义,探究我国国家立法权配置在模仿和适应双重逻辑主导下的演进历程。

第一节 我国国家立法权配置的原型:苏联1936年宪法

一、苏联1936年宪法的相关规定

根据苏联1936年宪法,苏联最高苏维埃的立法权"专由苏联最高苏维埃行使之"。作为唯一的立法机关,苏联最高苏维埃采用的是平行两院制,构成两院的联盟苏维埃和民族苏维埃权力平等,法案经每院各过半数通过即成为法律。[2] 之所以设立专门的民族院作为第二院,根据斯大林的解释,是为了在最高立法机关内反映不同于共同利益的、"与民族特点有关的各自特有的特别利益"。[3] 也就是说,当时的苏联之所以实行两院制并设立民族院作为第二院,是为了在最高立法机关的立法过程中,为民族利益提供制度化的表达渠道。

与此同时,最高苏维埃设立主席团,作为最高苏维埃的常设机

---

[1] 较有代表性的研究成果,参见何俊志:《从苏维埃到人民代表大会制——中国共产党关于现代代议制的构想与实践》,复旦大学出版社2011年版。

[2] 参见戴学正等编:《中外宪法选编》(上册),华夏出版社1994年版,第264-265页。

[3] 参见中共中央马克思恩格斯列宁斯大林著作编译局编译:《斯大林文选》(上),人民出版社1962年版,第106页。

关,有权"解释苏联现行法律"和"颁布法令"。[1] 对于"应当赋予最高苏维埃主席团以颁布临时法律的权利"的主张,斯大林在《关于苏联宪法草案》的报告中回应称:"我认为这个补充是不正确的,是代表大会不应当采纳的。"理由在于,"终究必须铲除不由某一个机关而由许多机关立法的情形了。这种情形同法律稳定性的原则相抵触。而我们现在比任何时候都更需要法律的稳定性。立法权在苏联只应当由苏联最高苏维埃一个机关来行使"[2]。由此可见,苏联最高苏维埃集中统一行使国家立法权是出于立法统一、避免法出多门的考虑。

单从由平行的两院组成国家立法机关行使立法权这一点来看,苏联最高苏维埃的组织形式和立法权配置与当时作为意识形态对立面的资本主义国家立法体制并无根本不同。但考虑最高立法机关每年仅仅召开两次会议,实践中每年真正开会的时间仅有大约20天,[3]无法处理日常工作,苏联1936年宪法第49条赋予了最高苏维埃主席团组织选举、召集会议等职权,其中涉及立法的有解释现行法律和颁布法令两项。设立常设机关并赋予其一定的职权,才是苏联立法机关和立法体制的特殊之处。相比之下,资本主义国家两院制立法机关会期较长,立法事务由两院在开会期间集中处理,因而不设立也无须设立常设机关。浦兴祖因此指出,社会主义国家代议机关内部"实行双层结构",认识其全貌需结合院

---

〔1〕 参见戴学正等编:《中外宪法选编》(上册),华夏出版社1994年版,第264-266页。

〔2〕 中共中央马克思恩格斯列宁斯大林著作编译局编译:《斯大林文选》(上),人民出版社1962年版,第107页。

〔3〕 参见周叶中:《代议制度比较研究(修订版)》,商务印书馆2014年版,第324页。

制和双层两个制度要素一并考虑。[1] 由此看来,苏联最高立法机关采用的是"两院双层"的组织形式。

苏联最高苏维埃采用双层立法机关的制度设计,由非常设的最高苏维埃和常设的最高苏维埃主席团共同组成,是多重价值协调综合的产物。为达到比资本主义议会更高的民主程度,苏联最高苏维埃实行阶级代表制。"它强调要由人民的代表而不是职业化的议员来直接行使权力"。[2] 区别于职业议员,人民的代表同时兼具两种角色:在最高苏维埃开会期间,他为所处的职业或团体代言;在最高苏维埃闭会期间,他回到工作岗位,回到人民之中,了解人民的意愿,带头宣传和执行政策法律。[3] 因此,人民的代表必须是兼职代表,否则可能蜕变为资本主义议会中的政客。兼职代表制决定了他们只有短暂的时间能参加立法会议,所以,设置常设机关也就成了代议机关履行职权的支撑。周叶中指出,最高苏维埃双层结构的组织形式有四大优势,分别是非常设的最高苏维埃民主程度更高、常设的最高苏维埃主席团效能更高、强化非常设的最高苏维埃的权威和充分发挥专门委员会的作用。[4]

二、苏联 1936 年宪法的样板效应

苏联最高苏维埃的组织形式和立法权配置为随后社会主义国

---

〔1〕 参见蒲兴祖:《人大"一院双层"结构的有效拓展——纪念县级以上各级人大常委会设立 30 周年》,载《探索与争鸣》2009 年第 10 期。

〔2〕 何俊志:《从苏维埃到人民代表大会制——中国共产党关于现代代议制的构想与实践》,复旦大学出版社 2011 年版,第 6 页。

〔3〕 参见何俊志:《从苏维埃到人民代表大会制——中国共产党关于现代代议制的构想与实践》,复旦大学出版社 2011 年版,第 6-7 页。

〔4〕 参见周叶中:《代议制度比较研究》(修订版),商务印书馆 2014 年版,第 325-326 页。

家立法体制的建立树立了样板,成为制度移植的原型。例如,民主德国 1954 年宪法规定,一院制的人民议会是"唯一"的立法机关,而常设的国务委员会"执行宪法及人民议会法律和决议赋予它的任务",并向人民议会负责和报告工作。[1] 我国 1954 年宪法关于国家立法权配置和国家立法机关组织形式的相关规定,也很大程度上模仿了苏联最高苏维埃。苏联宪法是我国宪法的样板,相应地,苏联的最高苏维埃及其立法权配置也就成为我国国家立法权配置模仿和借鉴的制度原型。实际上,我国对苏联的模仿并不是从 1954 年制宪才开始的。早在革命根据地时期,苏维埃模式就已经逐步移植到我国,[2] 并随着新中国的建立而运用于我国的政权建设过程之中。作为临时宪法的共同纲领已经包含了苏维埃模式的制度要素,这些制度要素进而影响到后续配置国家立法权的正式宪法设计。

第二节 1954 年宪法框架下的国家立法权配置

在我国,宪法的变迁是立法体制变迁的制度平台。[3] 而新中国第一部正式宪法诞生于 1954 年,并于 1975 年、1978 年、1982 年作了三次全面修改。由于 1975 年宪法、1978 年宪法受特殊时期的

---

[1] 参见戴学正等编:《中外宪法选编》(上册),华夏出版社 1994 年版,第 489-493 页。

[2] 典型的如 1931 年的《中华苏维埃共和国宪法大纲》。该文件已经规定全国工农兵苏维埃大会是最高政权机关,而全国苏维埃中央执行委员会则为闭会期间的最高政权机关。参见王培英编:《中国宪法文献通编(修订版)》,中国民主法制出版社 2007 年版,第 286-289 页。

[3] 参见林彦:《劳动教养是法定制度吗?——兼论立法体制的宪法构建》,载《交大法学》2014 年第 3 期。

影响较大,普遍被认为是有缺陷的,而且两者的相关规定也基本延续了 1954 年宪法的有关规定,在此不做细致考察。[1] 简而言之,1954 年宪法的相关规定作为我国国家立法权配置的起点,其宪法决策过程和运行实践对后续的发展有着不容忽视的重要意义。

一、全国人大集中行使国家立法权的确立过程

1954 年宪法于第 22 条明确规定,全国人大是行使国家立法权的"唯一机关",并且第 27 条相应地规定全国人大行使"制定法律"的职权。之所以规定全国人大是唯一的国家立法机关,毛泽东解释说:"我国宪法规定,地方没有立法权,立法权集中在全国人民代表大会。""这一条也是学苏联的。因为起草宪法的时候,我曾经问过一些同志,是不是应该这么写,据说苏联是这样,有些资本主义国家也是这样,但美国似乎不是这样。"[2] 与此同时,1954 年宪法第 31 条还规定,全国人大常委会作为全国人大常设机关行使"解释法律"和"制定法令"两项职权。这里的"法令",效力次于法律。[3] 由此可见,1954 年宪法的相关规定是以苏联 1936 年宪法的相关规定为原型,规范内涵也并无不同,以宪法规范的形式在我国正式确立起全国人大集中行使国家立法权的制度模式。其实,国家立法权的高度集中与经济领域高度集权的计划体制一样,都是新中国成立之初高度中央集权的体现。

---

[1] 值得一提的是,1978 年宪法中并无全国人大是制定法律的唯一机关的规定。但在学者看来,根据法无授权不可为的原理,这并不意味着全国人大常委会因此获得国家立法权。参见林彦:《劳动教养是法定制度吗?——兼论立法体制的宪法构建》,载《交大法学》2014 年第 3 期。

[2] 阚珂:《人民代表大会说不尽的那些事》,中国民主法制出版社 2023 年版,第 222 页。

[3] 参见刘政、边森龄、程湘清主编:《人民代表大会制度词典》,中国检察出版社 1992 年版,第 41 页。

值注意的是,虽然我国人大制度整体上以苏联的苏维埃制度为原型,但是制宪者并未全盘照搬,而是立足我国国情做了针对性的调整。正如韩大元所言,"1954年宪法参照的宪法类型是综合的,并非完全参照苏联1936年宪法"[1]。毛泽东在讲话中也专门强调,1954年宪法草案是"本国经验和国际经验的结合"[2]。1954年宪法关于我国国家立法权配置的相关规定就是本土经验和国际经验结合的典型例证。参照苏联宪法关于国家立法权配置的相关规定,制宪者在构建我国国家立法体制时从两方面作了符合本土经验的制度设计:其一,机构名称的本土化。在宪法起草委员会第一次会议上,担任宪法起草委员会主席并直接领导党内宪法起草工作的毛泽东指出:"苏联叫最高苏维埃,我们叫全国人民代表大会,苏联叫最高苏维埃主席团,我们叫全国人民代表大会常务委员会,苏联叫部长会议,我们叫国务院。"[3]其二,我国最高立法机关采用的是"一院双层制"的组织形式,与苏联的"两院双层制"略有不同。选择一院制而非两院制也是出于国情的考虑。苏联1936年宪法采用两院制,主要是设立专门的民族院作为第二院以代表不同民族的利益。而在我国制宪者眼中,通过中国特色的民族区域自治制度实现多民族的利益整合,是更优越也更可行的制度安排。[4]

谈到1954年宪法所建构的我国人大制度,周恩来有过一个高度精炼的概括。他说:"人民代表大会制属于苏维埃工农代表大会

---

[1] 韩大元:《1954年宪法制定过程》,法律出版社2014年版,第118页。
[2] 参见王培英编:《中国宪法文献通编(修订版)》,中国民主法制出版社2007年版,第250页。
[3] 韩大元:《1954年宪法制定过程》,法律出版社2014年版,第272页。
[4] 参见张庆福、韩大元主编:《1954年宪法研究》,中国人民公安大学出版社2005年版,第53页。

制的体系，完全不同于资产阶级的议会制。议会制实际上是资产阶级专政，是假民主，而人民代表大会，是经由人民选民选举出来的，是代表广大人民利益的。人民代表大会和苏维埃也是有不同的。苏联是两院平行制，除联盟院外，还有民族院。这是因为苏联是个多民族的国家，少数民族的数量很大，如不成立民族院将不能完备地表现出民族平等。而中国的少数民族的人数只占全国人口的十四分之一，可以不成立民族院，但在人民代表大会中，少数民族代表按人口的比例数要大于汉族代表的比例数。此外，苏联只是工人和农民两阶级的联盟，而中国是四个阶级的联盟，这也是不同的。"[1]质言之，我国 1954 年宪法由一院制的全国人大集中行使国家立法权，不仅与资产阶级国家的议会制完全不同，而且在模仿苏联苏维埃制度原型的基础上融入了我国的经验与特色，制宪者们根据对国情的判断，采取了"一院双层"的全国人大组织形式。

二、全国人大集中行使国家立法权的困境与调适

制度设计完成后即进入运行阶段。我国整体上模仿苏联建立起高度集中的国家立法权行使模式后，实践中很快发现，由于全国人大会期制度与立法需求之间的矛盾而难以有效运行，全国人大很快做出调整。第一次调整发生在 1954 年宪法通过后次年的全国人大会议上。在 1955 年 7 月召开的一届全国人大二次会议上，全国人大法案委员会经论证后提出，应适时授权全国人大常委会制定单行法规。在会议期间召开的党员代表第二次会议上，时任副委员长的彭真针对授权问题表达了自己的看法。他说："一部分党内同志认为授权不好，宪法规定人民代表大会是唯一的立法机关，

---

[1] 全国人大常委会办公厅研究室编：《中华人民共和国人民代表大会文献资料汇编》，中国民主法制出版社 1991 年版，第 30 页。

而且斯大林同志也这样说过。如果常委会也可以立法,立法机关就不是一个,而是两个了。""斯大林同志的结论,根据苏联经验,在实际中已经作了修改。我们这一条也需要修改。""授权常委会是必要的。"〔1〕最终,全国人大充分讨论后作出了授权,授权决议内容如下:"第一届全国人民代表大会第二次会议认为,随着社会主义建设和社会主义改造事业的进展,国家急需制定各项法律,以适应国家建设和国家工作的要求。在全国人民代表大会闭会期间,有些部分性质的法律,不可避免地急需常务委员会通过施行。为此,特依照中华人民共和国宪法第三十一条第十九项的规定,授权常务委员会依照宪法的精神、根据实际的需要,适时地制定部分性质的法律,即单行法规。"〔2〕事实上,在上述授权作出之前的1954年12月,全国人大常委会制定了《逮捕拘留条例》,实际上已经在行使立法权。〔3〕

从全国人大的上述授权可以发现,首先,全国人大集中行使国家立法权实践中难以满足立法需求,并不可行;其次,全国人大会期过短,在漫长的闭会期间无法履行立法职能;再次,较之于全国人大,作为常设机关的全国人大常委会行使立法权时间更有保证;最后,全国人大常委会根据授权只能制定"部分性质的法律",相关文件只能名之以"单行法规",而不能称为法律。总的来说,全国人大集中行使国家立法权的宪法设计在实践中不具有可操作性,全

---

〔1〕 彭真的发言,参见田侠:《党领导立法实证研究——以北京市人大及其常委会为例》,中国社会科学出版社2016年版,第95页。

〔2〕 参见全国人大常委会办公厅、中共中央文献研究室编:《人民代表大会制度重要文献选编》(一),中国民主法制出版社2015年版,第295页。

〔3〕 参见阚珂:《人民代表大会说不尽的那些事》,中国民主法制出版社2023年版,第162页。

国人大常委会以授权的名义实际上获得了国家立法权。[1] 自此，制定单行法规和法令成为全国人大常委会的重要工作。在人大工作较为活跃的 1954 年至 1957 年四年时间内，全国人大的立法作为极为有限。反观全国人大常委会，它不仅制定了为数不少的单行法规和法令，而且批准了国务院的一系列决定，还积极起草和审议民法、刑法等重要法律。[2]

第二次调整由二届全国人大一次会议于 1959 年做出，旨在解决如何根据实际需要适时修改全国人大制定的法律的问题。该决议称："授权常务委员会，在全国人民代表大会闭会期间，根据情况的发展和工作的需要，对现行法律中一些已经不适用的条文，适时地加以修改，作出新的规定。"[3] 继法律制定权之后，出于相同的考虑，全国人大再次以决议的方式，进一步将修改法律的权力也授予了全国人大常委会。而"这一授权的实质，是常委会可以对人民代表大会制定的法律进行修改"[4]。

制度的持久性，即一项制度在实践中存在和运行的时间长短，是衡量制度效能高低的重要指标：一项制度存在和运作的时间越长，制度效能越高，反之则制度效能越低。[5] 从 1954 年宪法施行

---

〔1〕 参见全国人大常委会法制工作委员会国家法室编著：《中华人民共和国立法法释义》，法律出版社 2015 年版，第 35 页。

〔2〕 参见全国人大常委会办公厅研究室编著：《人民代表大会制度建设四十年》，中国民主法制出版社 1991 年版，第 72-73 页。

〔3〕 参见全国人大常委会法制工作委员会国家法室编著：《中华人民共和国立法法释义》，法律出版社 2015 年版，第 35 页。

〔4〕 阚珂：《人民代表大会说不尽的那些事》，中国民主法制出版社 2023 年版，第 162 页。

〔5〕 关于制度效能的分析，参见阎小骏：《当代政治学十讲》，中国社会科学出版社 2016 年版，第 114-115 页。另外，赵建民等人在评估全国人大专门委员会制度的历程时，也将持续性作为一项重要衡量指标，理由在于，制度必须具有适当回应外界需求的能力才能长期存在。参见赵建民、张钧智：《中国大陆全国人大专门委员会的制度化历程及评估》，载《政治学报》2014 年第 6 期。

后我国国家立法的实践来看,模仿苏联宪法所设计的全国人大集中行使国家立法权模式制度效能并不理想,仅运转不到一年时间就遭遇无法满足立法需求的困境,会期短等制度短板限制了全国人大行使立法权的能力。为了弥补上述制度缺陷,全国人大通过授权的方式迅速作出了调整,选择常设的全国人大常委会在全国人大闭会期间辅助立法,两次授权分别赋予其法律的制定权和修改权。总而言之,1954年宪法构建的全国人大集中行使国家立法权的国家立法权配置模式,由于难以满足立法需求实际上只运行了很短的时间,而全国人大因会期等限制导致立法能力不足,也并非1982年宪法实施后出现的新问题。

为解决全国人大立法能力与立法需求不匹配的问题,党中央采取的应对之举是通过全国人大授权的方式将全国人大的国家立法权部分"委托"给全国人大常委会,由后者代替前者经常性地行使。也就是说,在全国人大集中行使国家立法权的制度设计因不可持续而面临调整的"关键时刻",决策者作出的制度选择是将全国人大集中行使国家立法权调整为全国人大和全国人大常委会共同行使国家立法权。随后1982年宪法的相关调整及其实践样态表明,我国国家立法权配置及其实际运行将在既有的路径上进一步展开。

第三节　1982年宪法框架下的国家立法权配置

1978年年底通过的十一届三中全会公报指出:"为了保障人民民主,必须加强社会主义法制,使民主制度化、法律化,使这种制度和法律具有稳定性、连续性和极大权威,做到有法可依,有法必依,执法必严,违法必究。从现在起,应当把立法工作摆到全国人民代表大会及其常务委员会的重要议程上来。"[1]随着中心任务从阶级斗争转移到社会主义现代化建设,党中央高度重视立法工作,将其视为实现中心任务的重要一环。紧接着的 1979 年年初,党中央决定在全国人大常委会设立法制委员会,从组织层面加强立法工作。在彭真的带领下,全国人大常委会法制委员会开足马力在短时间内起草了七部法律,提交五届全国人大二次会议审议并通过。这标志着我国新时期立法工作的起步,也是我国一直延续至今的大规模运动式立法的开端。[2] 在此背景下,1954 年宪法所确立的并被 1975 年宪法、1978 年宪法所延续的全国人大集中行使国家立法权的模式,更难以承担起新时期立法工作的重任,急需作出调整,修改宪法势在必行。而从 1980 年到 1982 年的整个宪法修改过程,也就成为我国国家立法权配置发生转型的关键时期。

一、全国人大和全国人大常委会共同行使国家立法权的确立过程

1980 年,邓小平在中共中央政治局扩大会议上所作的《党和国家领导制度的改革》讲话中提出,中央将提出修宪建议,"要改善人民代表大会制度"是建议的重要内容。[3] 根据党中央的修宪建议,五届全国人大三次会议作出的《关于修改宪法和成立宪法修改

---

[1] 全国人大常委会办公厅、中共中央文献研究室编:《人民代表大会制度重要文献选编》(二),中国民主法制出版社 2015 年版,第 377 页。

[2] 参见夏莉娜:《新时期的立法从这里起步——全国人大常委会法制工作委员会三十年剪影》,载《中国人大》2009 年第 1 期。

[3] 参见全国人大常委会办公厅、中共中央文献研究室编:《人民代表大会制度重要文献选编》(二),中国民主法制出版社 2015 年版,第 485-486 页。

委员会的决议》,标志着宪法修改过程正式启动。[1]

当时,作为宪法规定的唯一的国家立法机关,全国人大面临着会期短、代表多、代表兼职等制度难题,无法有效行使国家立法权。其中,代表人数过多的问题尤其突出。据统计,第一届、第二届全国人大代表人数为1226名,第三届全国人大代表人数则猛增到3040名,第四届全国人大代表人数降至2885名后,第五届全国人大则达到了历史最高的3497名。[2] 如此众多的兼职代表,导致全国人大履职时间无法得到保障,最高立法机关因而难以有效运行。至于如何应对,宪法修改过程中一共讨论了三种主要备选方案:

第一种方案是实行两院制。当时的一部分意见主张,全国人大应从一院制改为两院制,由地方院和社会院两院组成。具体而言,两院各由600名代表组成,不仅权力平等,任期也相同:前者由省级行政单位和少数民族代表组成,后者则由各界和行业代表组成。"这样,可以使代表们更好地从各方面反映人民的意志和利益,不仅能对政府起监督、制约作用,而且两院可以相互制衡,使通过的法律更为严谨、准确,实行的监督更为有效。"[3] 两院制方案是在1980年的宪法修改委员会秘书处第一次会上,由秘书长胡乔木首次提出来的。这一方案得到了秘书处成员的认真考虑,而且他们的构想明显参照了苏联最高苏维埃两院制的制度设计。这主要体现在组织形式方面,"两院共同设立一个全国人大常务委员会

---

[1] 党中央提出修宪建议启动宪法修改程序,已经成为我国的一项宪法惯例或政治惯例。参见谢维雁、段鸿斌:《论修宪建议——纪念1982年〈宪法〉颁布30周年》,载《现代法学》2012年第6期。

[2] 蔡定剑:《中国人民代表大会制度》,法律出版社2003年版,第175页。

[3] 王汉斌:《王汉斌访谈录:亲历新时期社会主义民主法制建设》,中国民主法制出版社2012年版,第92页。

作为常设机构"[1]，即改"一院双层"为"两院双层"。两院制方案的另一种版本则是将政协作为上院。[2]

最早提出的两院制方案争议极大。反对意见认为，一院制是我国全国人大长期以来的制度传统，全国人大立法能力不足与院制设计无关。更为关键的反对意见则来自党的领导层。宪法修改委员会主任叶剑英、副主任彭真、副秘书长王汉斌等都反对两院制。邓小平也认为，两院制下两院意见不一致，协调起来麻烦，运作也困难，还是一院制运行起来更顺当。[3] 而将政协改造为上院的两院制方案也遭到了否决，在党的领导层看来，政协成为上院后将使得国家机构之间的关系复杂化，国务院同时面对来自人大和政协两方面的监督，人大作为权力机关的最高地位就不复存在。邓小平也明确反对将政协权力机关化。[4]

直接缩减全国人大代表名额则是当时提出的第二种改革方案。有的意见主张将代表人数减少到一届全国人大的规模，即1200人。还有的意见主张减少代表名额和专职化并行：一方面代表人数减少到500—600人；另一方面代表"全部改为专职，经常进行工作"[5]。但是缩减全国人大代表名额的方案也被宪法修改委

[1] 许崇德：《中华人民共和国宪法史》（下卷），福建人民出版社2005年版，第354页。

[2] 曾参与宪法修改的肖蔚云指出："在讨论到政协时，有这样一些意见：全国政协是否可以作为外国议会中的上院，而把全国人大作为下院？有人提出，全国政协可以作为上院，它应当有监督政府（国务院）的权力，有从事外交活动的权力，宪法应高度重视和强调政协的作用。"肖蔚云：《我国现行宪法的诞生》，北京大学出版社2024年版，第41-42页。

[3] 参见王汉斌：《王汉斌访谈录：亲历新时期社会主义民主法制建设》，中国民主法制出版社2012年版，第91-92页。

[4] 参见王汉斌：《王汉斌访谈录：亲历新时期社会主义民主法制建设》，中国民主法制出版社2012年版，第92-94页。

[5] 王汉斌：《王汉斌访谈录：亲历新时期社会主义民主法制建设》，中国民主法制出版社2012年版，第92页。

员会排除。对此,彭真在《关于中华人民共和国宪法修改草案的报告》中回应称:"我国国大人多,全国人大代表的人数不宜太少……"[1]至于代表专职化的主张,则仅在最终的宪法修改中得到了部分落实。

在否决了前两种备选方案后,第三种方案也就是最终方案"浮出水面",那就是加强全国人大常委会职权。1982年修改宪法重新配置了我国国家立法权,在坚持全国人大继续实行一院制的前提下,"将原来属于全国人大的一部分职权交由它的常委会行使"[2],规定全国人大与全国人大常委会共同行使国家立法权。与此同时,1982年宪法还以"基本"与否为界限,对二者的国家立法权作了划分,具体体现在:一方面,全国人大制定基本法律,全国人大常委会制定非基本法律;另一方面,由全国人大和全国人大常委会共享基本法律的修改权。这种分工配合、共同行使国家立法权的制度设计被认为有助于提高效率,加快立法步伐。其实,从改革的思路来看,这两项改革国家立法体制的具体措施实际上是把1955年、1959年全国人大所作的两个授权决议"宪法化":赋予全国人大常委会非基本法律制定权相当于1955年授权中的制定"部分性质的法律",而基本法律修改权也与1959年授权全国人大常委会在全国人大闭会期间修改它所制定的法律一脉相承。正如林彦所指出的,"基本法律修改权、其他法律制定权基本上是对20世纪50年代两个授权决定的重新激活和再现"[3]。

在国家立法权由全国人大向全国人大常委会转移的同时,

---

[1] 王培英编:《中国宪法文献通编(修订版)》,中国民主法制出版社2007年版,第68页。

[2] 王培英编:《中国宪法文献通编(修订版)》,中国民主法制出版社2007年版,第68页。

[3] 林彦:《传统续造:基本法律修改权的创制》,载《清华法学》2023年第1期。

1982年宪法还采取了三项组织措施来充实全国人大常委会的组织机构:其一,设立日常工作机构,即委员长、副委员长和秘书长组成的委员长会议,加强对全国人大常委会日常工作的领导;其二,设立专门委员会,作为全国人大和全国人大常委会的立法辅助机关;其三,实行组成人员部分专职化以保障履职时间,禁止组成人员兼任行政机关、审判机关和检察机关的职务。这三项组织措施在一定程度上使全国人大常委会获得了与其国家立法权相匹配的组织支持和立法能力。

显而易见,相比于1954年宪法,1982年宪法修改过程中,全国人大常委会被寄望于成为国家立法的主要承担者,职权强化和配套的组织强化措施都主要围绕它而不是全国人大进行设计。在宪法修改委员会第二次会议上,胡乔木曾明确指出,全国人大除保留立宪、修宪和制定基本法律的职权之外,经常性的立法工作和大量的立法任务都要由全国人大常委会承担。他说:"这样,人大常委会就享有仅次于人大的很广泛的权力。因为人大常委会可以比较经常地开会。这样,它就起了一个国会的作用,跟一个经常工作的国会差不多的作用。"[1]

宪法修改过程中也出现了一些不同意见。据参与宪法修改的肖蔚云记述:"也有人提出,全国人大常委会的职权是扩大了,但有些职权超过了全国人大,使全国人大有被架空的危险。"[2]对于这一担忧,宪法修改委员会增加了两项防御性的制度设计:一是事前限制,为全国人大常委会的基本法律修改权规定了时间、范围和底线三个约束条件;二是事后监督,赋予全国人大制约全国人大常委会的手段,即改变或撤销后者不适当的决定。肖蔚云乐观地认为:

---

[1] 《胡乔木文集》(第2卷),人民出版社1993年版,第533—536页。
[2] 肖蔚云:《论宪法》,北京大学出版社2004年版,第535页。

"这样,全国人大常委会的权力虽然扩大了,但它还是对全国人大负责,受全国人大的领导和监督,不产生架空人大的问题。相反,它可以使全国人大集中处理好必须由它处理的重大问题,可以更好地发挥和加强全国人大的作用,而不会降低或削弱它的作用。"[1]彭真也有类似的乐观预期。他说:"全国人大常委会是人大的常设机关,它的组成人员也可以说是人大的常务代表,人数少,可以经常开会,进行繁重的立法工作和其他经常工作。所以适当扩大全国人大常委会的职权是加强人民代表大会制度的有效办法。"[2]从肖蔚云和彭真两位深度参与了修宪过程的人的论述来看,基本法律和非基本法律分工的制度框架,被认为既能使全国人大保留重要法律的制定权,又能将全国人大常委会改造为承担主要立法任务的经常性立法机关,二者的结合能从整体上提升全国人大的制度效能。

重新梳理配置国家立法权的宪法决策过程可以发现,首先,国家立法权的重心已经从1954年宪法下的全国人大,逐步转移到1982年宪法下的全国人大常委会。在这一点上,党中央和宪法修改委员会经过深思熟虑形成了共识,合力推动了1982年宪法框架下国家立法权配置的制度变革。正如蒋劲松所指出的那样:"1982年修宪时领导是非常清楚的,修宪过程中有一种强烈主张,把人大很多权力移交给人大常委会,通过此种做法强化整个人大行使国家权力的能力。"[3]总而言之,"全国人大常委会在我国立法体制

---

[1] 肖蔚云:《论宪法》,北京大学出版社2004年版,第535页。
[2] 王培英编:《中国宪法文献通编(修订版)》,中国民主法制出版社2007年版,第68页。
[3] 蒋劲松:《推进民主重在完善人大制度》,载《炎黄春秋》2013年第9期。

中起着主导作用"[1]。

其次,提升效率是重新配置国家立法权的所追求的重要目标。根据彭真的总结,1982年宪法改革国家机构旨在实现三项目标,分别为:"第一,使全体人民能够更好地行使国家权力""第二,使国家机关能够更有效地领导和组织社会主义建设事业""第三,使各个国家机关更好地分工合作、相互配合"。[2] 从彭真的表述来看,健全人大制度是第一项目标的具体体现,旨在强化人民当家作主;第二项、第三项目标则明显指向提升国家机关体系的工作效率,[3]采用的制度手段主要是分工,既包括第二项所说的权力机关和执行机关的分工,也体现在第三项所描述的产生于人大的行政机关、审判机关、检察机关和其他国家机关之间的分工与合作。尽管彭真没有明确提及全国人大和全国人大常委会共同行使国家立法权的制度调整,但在参与宪法修改的肖蔚云看来,赋予全国人大常委会国家立法权,并使之与全国人大分工合作,显然是效率导向下的制度设计。他说:"规定全国人大制定和修改刑事、民事、国家机构的和其他的基本法律,把制定和修改除此以外的非基本法律的权限放到全国人大常委会的职权当中,这主要是从我国实际出发,以加速立法。"[4]

最后,排除两院制等备选方案,选择1954年宪法实施过程中已经采用的全国人大和全国人大常委会共同行使国家立法权的配置

---

[1] 全国人大常委会办公厅研究室编著:《人民代表大会制度建设四十年》,中国民主法制出版社1991年版,第228页。

[2] 参见王培英编:《中国宪法文献通编(修订版)》,中国民主法制出版社2007年版,第68—69页。

[3] 与本书的分析略有不同,有学者将彭真提出的三项目标概括为"民主制约原理""机构效能原理""制度耦合原理"。参见王旭:《国家监察机构设置的宪法学思考》,载《中国政法大学学报》2017年第5期。

[4] 肖蔚云:《我国现行宪法的诞生》,北京大学出版社2024年版,第73页。

方案并予以细化,表明先前选择限定后续选择的历史延续性。其实,历史延续性不只体现在从宪法层面确认全国人大常委会行使国家立法权的主体资格,通过增设专门委员会的方式强化全国人大的立法能力实际上也非新鲜事物,而是落实早在 1956 年就已经成型的方案。[1] 1982 年修改宪法采取了"传统续造"的思路,[2]例如,设立常委会以解决地方人大闭会期间职权行使问题的改革方案,全国人大常委会党组曾先后于 1957 年和 1965 年两次提出,但都因为政治运动而搁浅。[3] 总而言之,在 1954 年宪法及其实施经验的基础上,1982 年宪法对我国人大制度的改革,既有跨越,又有延续。[4]

二、《立法法》关于全国人大和全国人大常委会行使国家立法权的规定

1982 年宪法重新塑造我国全国人大制度以及国家立法权配置的基本框架后,"制度的修补和填充"则成为接下来人大制度建设的重要内容。[5] 我国国家立法权配置也离不开"制度的修补和填充":一方面,1982 年宪法重新配置国家立法权主要集中在全国人大和全国人大常委会的立法权限划分上,但相关条文的设计并不

---

〔1〕 党中央和毛泽东于 1956 年建议全国人大增设专门委员会,时任副委员长兼秘书长的彭真经考察和研究后提出了设立政法、外交、教育等八个全国人大专门委员会的方案。这一设想因"反右"运动而搁置。参见全国人大常委会办公厅研究室编著:《人民代表大会制度建设四十年》,中国民主法制出版社 1991 年版,第 75-76 页。

〔2〕 参见林彦:《传统续造:基本法律修改权的创制》,载《清华法学》2023 年第 1 期。

〔3〕 参见全国人大常委会办公厅研究室编著:《人民代表大会制度建设四十年》,中国民主法制出版社 1991 年版,第 203-205 页。

〔4〕 参见田雷、邢斌文、孔德王等:《彭真与社会主义法制的历史研究(笔谈)》,载《地方立法研究》2023 年第 2 期。

〔5〕 参见何俊志:《新中国人大制度演进的三个阶段》,载《探索与争鸣》2010 年第 12 期。

严密,遗留了不少模糊地带乃至漏洞。基本法律和非基本法律各自的范围就是典型一例,模糊的语义一直以来聚讼纷纷。另一方面,1982年宪法对与立法权限紧密相关的立法程序、议事程序等事项几乎没有规定,而这些配套的程序规则对立法权的行使又至关重要。

1982年宪法实施后的"制度的修补和填充"是"通过立法发展宪法"[1]实现的,主要以立法的形式进行。议事程序立法,依照时间先后顺序,主要有1987年制定的《全国人大常委会议事规则》、1989年制定的《全国人大议事规则》和1999年制定的《全国人民代表大会常务委员会组成人员守则》三部法律。至于立法程序的充实,则主要由2000年制定,并于2015年、2023年先后两次修改的《立法法》来完成。作为一部"为立法而立的法",我国《立法法》有其特殊性,实际上涵盖了立法权限和立法程序两大领域,因此,我国国家立法的实体性权力配置和程序性配套规则都在其调整范围之内。[2]

在立法权限方面,2000年《立法法》并未着手"填充"1982年宪法遗留的模糊地带,而是对基本法律和非基本法律的划分以及二者间的效力问题采取了回避的态度。[3] 之所以避而不谈,官方的权威解释是:"在立法法的制定过程中,有的同志提出,应当对于'基本法律'的范围作出具体的列举,以便于各方面更好地理解和执行。立法机关经过反复研究,多数意见认为,现在处于改革开放

---

[1] 林彦:《通过立法发展宪法——兼论宪法发展程序间的制度竞争》,载《清华法学》2013年第2期。

[2] 有学者质疑2000年《立法法》规定立法权限配置的合宪性,认为其属于宪法的调整对象,普通法律无权涉及。参见周永坤:《法治视角下的立法法——立法法若干不足之评析》,载《法学评论》2001年第2期。

[3] 参见徐向华、林彦:《我国〈立法法〉的成功和不足》,载《法学》2000年第6期。

的关键时期,许多社会关系还没有完全定型,将'基本法律'的事项一一列举存在许多实际困难。因此,本法仍沿用宪法的有关规定,对'基本法律'的事项不作一一列举。"[1]

2000年后《立法法》的两次修改也并未对我国国家立法权配置存在的漏洞予以填补。2015年修改《立法法》,对于棘手的立法权限问题,继续采取回避的态度,选择了相对容易的立法程序作为修改的重点,尤其是进一步细化全国人大常委会的立法程序。以至于有学者批评:"我们不能陷入这样的误区,即用发挥人大常委会的主导作用作为发挥人大主导作用的方式,甚至以前者完全取代后者。"[2]而到了2023年修改《立法法》,修改过程中,"有的意见认为应当明确什么是'基本法律',以进一步区分哪些法律应当由全国人民代表大会通过,哪些法律应当由全国人大常委会通过。"[3]从最终的结果来看,《立法法》继续保持沉默。对此,官方的权威解释是:"实践中,哪些法律由全国人民代表大会通过,受诸多因素影响,将全国人民代表大会和全国人大常委会的立法权限划分得泾渭分明,难度大,必要性不大。"[4]

在立法程序方面,2000年《立法法》将重点放在充实全国人大常委会的立法程序上。这首先反映在条文数量上,规范全国人大立法程序的条文只有12条,而规范全国人大常委会立法程序条文则有18条之多。尤其值得注意的是,2000年《立法法》第14条规定,向全国人大提出的法律案,在全国人大闭会期间可以先向全国

---

[1] 张春生主编:《中华人民共和国立法法释义》,法律出版社2000年版,第25页;乔晓阳主编:《中华人民共和国立法法讲话》,中国民主法制出版社2007年版,第88页。
[2] 徐向华、林彦:《〈立法法〉修正案评析》,载《交大法学》2015年第4期。
[3] 童卫东:《新〈立法法〉的时代背景与内容解读》,载《中国法律评论》2023年第2期。
[4] 童卫东:《新〈立法法〉的时代背景与内容解读》,载《中国法律评论》2023年第2期。

人大常委会提出,由其依照法定程序审议后决定提请全国人大审议。本书第四章将系统分析,全国人大常委会先行审议全国人大法律案已经成为全国人大立法的前置程序和必经环节。

"在权限调整存在困难的情况下,程序的完善则是一个相对容易的着力点。"[1]因此,完善立法程序是2000年后《立法法》两次修改的重点,尤其是完善全国人大常委会的立法程序:2015年修改《立法法》,从拓宽公民有序参与立法的途径、健全审议和表决机制、完善立法公开等方面对全国人大常委会的立法程序做了调整;[2]2023年修改《立法法》,从增加紧急立法程序、完善法律案的终止审议程序、明确有关国家机关可以提出法律解释案等方面进一步完善了全国人大常委会的立法程序。[3] 相比之下,全国人大的立法程序变动较小。值得注意的是,2023年修改《立法法》新增规定,全国人大可以授权全国人大常委会制定相关法律。事实上,在此之前,全国人大已经多次授权全国人大常委会制定法律。[4]

概括而言,对于我国国家立法权配置,《立法法》并没有填补1982年宪法所留下的制度空白,而是主要充实和完善全国人大常委会的立法程序,进一步强化全国人大常委会的立法能力。更为重要的是,随着《立法法》的制定与修改,在立法方面,全国人大常

---

[1] 徐向华、林彦:《〈立法法〉修正案评析》,载《交大法学》2015年第4期。
[2] 参见武增:《2015年〈立法法〉修改背景和主要内容解读》,载《中国法律评论》2015年第1期。
[3] 参见童卫东:《新〈立法法〉的时代背景与内容解读》,载《中国法律评论》2023年第2期。
[4] 参见曲頔:《全国人民代表大会授权常务委员会行使相关职权研究》,载《中国法律评论》2021年第2期。

委会通过"程序性扩权",[1]已然主导了全国人大立法。一方面,全国人大常委会先行审议全国人大法律案制度,打破了全国人大和全国人大常委会原本各自独立、分别运行的立法程序,全国人大常委会实质上获得了法律案能否进入全国人大审议程序的决定权,并由此主导全国人大的立法进程。另一方面,全国人大授权全国人大常委会制定法律,虽然能够在一定程度上缓解全国人大立法能力和立法职能不匹配的矛盾,[2]但也意味着全国人大对全国人大常委会依赖的加深。

结　语

谈到19世纪的美国宪制时,威尔逊说:"这是一个历史学家再平常不过的观察:在各个国家宪制机构的发展过程中,比起当初它们被授予的职能,它们的名字要持久得多。制度的特征在持续经历着根本性变化,但一开始所冠之名却一直保留着。我们这部宪法的发展历史不过是这种制度变革一般法则的又一个例证而已。"[3]类似地,历史变迁中的我国国家立法权配置,也出现了"名"与"实"的落差:静态的宪法文本不足以反映动态的制度实践。

一方面,我国国家立法权的宪制设计经历了从模仿为主到适应国情的变化。在梳理我国人大制度的变迁过程后,政治学者何

---

[1] 参见赵一单:《论基本法律的程序性判断机制》,载《政治与法律》2018年第1期。

[2] 参见钱坤:《论全国人大授权其常委会制定法律的基础和界限》,载《环球法律评论》2024年第2期。

[3] [美]伍德罗·威尔逊:《国会政体:美国政治研究》,黄泽萱译,译林出版社2019年版,第5—6页。

俊志得出了如下认识:"中国共产党对现代代议机关的构想与设计,是在模仿和适应的双重逻辑下逐步展开的。从苏维埃到人民代表大会的基本历程,体现的正是这样一种双重力量的作用。"[1]国家立法权配置作为人大制度重要组成部分,其历史变迁同样也是模仿和适应双重力量作用的产物:1954年宪法所创设的全国人大集中行使国家立法权主要是对苏联1936年宪法的模仿;全国人大很快将部分国家立法权授予全国人大常委会行使,则表明简单的制度模仿行不通;经1982年宪法调整后的全国人大和全国人大常委会共同行使国家立法权的制度模式,诞生于党的中心任务转移的历史背景下,服务于社会主义现代化建设对立法提出的新要求,再加上立法法的充实和修补,整体上较好地适应了改革开放四十余年的国家和社会的需求。由此可见,我国国家立法权配置在经历了早期的模仿阶段后,很快就扎根于本土实践并形成了自己的鲜明特色。

当然,适应本土实践的过程并非一蹴而就。我国国家立法权配置经历了三个不同阶段:首先,20世纪50年代全国人大授权全国人大常委会的两个决议不仅形式简单,只涉及权限转移,而且"部分性质"等用语也较为简略。彼时,改革1954年宪法规定的决策主要是为了满足当时的立法需求,改革方案的设计因而比较粗疏。其次,1982年宪法在继承全国人大两个授权决议实际经验的基础上作了更为周密细致的规定,以效率为导向,设计了全国人大和全国人大常委会分工配合的制度框架。最后,宪制安排一旦确立,2000年后《立法法》的制定与修改则不再纠结于立法权的权限

---

[1] 何俊志:《从苏维埃到人民代表大会制——中国共产党关于现代代议制的构想与实践》,复旦大学出版社2011年版,第346页。

划分,而是重点着手为两个国家立法机关行使立法权提供配套的立法程序。从前提性的立法权限到配套的立法程序的阶段变化,实际上,我国国家立法已经逐步适应政治社会条件并持续运转,制度效能稳步提升。

另一方面,我国国家立法权配置的重心逐步转移至全国人大常委会。以 1954 年宪法规定全国人大是行使国家立法权的唯一机关为起点,现如今,我国国家立法权配置的重心已经落脚于全国人大常委会,而提升立法效率则是驱动我国国家立法权配置重心转移的深层动因。1982 年宪法基于基本法律和非基本法律的类型划分,构建起全国人大和全国人大常委会分工配合的国家立法制度框架,并着力强化全国人大常委会的立法职权和组织,意在加强立法工作,落实发展社会主义法制的党中央决策。这种以分工促进制度效能提升的方式,属于典型的功能主义的思路。[1] 更进一步,2000 年后《立法法》制定与修改过程中,对全国人大、全国人大常委会立法程序的安排其实也是在提升立法效率的功能主义思路指引下进行的:一是规定并完善立法程序,为全国人大常委会行使国家立法权提供充分的程序支撑;二是规定并强化全国人大常委会先行审议全国人大法律案制度,使之能够主导全国人大立法进程,进而达到提升全国人大及其常委会整体立法效率的目的。[2] 总而言之,在提升立法效率的导向下,宪法和《立法法》先后从职权、组织和程序三个方面强化全国人大常委会地位,并且赋予其主导全国人大立法的法定权力。

---

[1] 参见张翔:《我国国家权力配置原则的功能主义解释》,载《中外法学》2018 年第 2 期。

[2] 有学者已经指出,全国人大常委会先行审议制度明显是基于效率的考量。参见赵一单:《论基本法律的程序性判断机制》,载《政治与法律》2018 年第 1 期。

曾参与宪法修改并担任全国人大常委会副委员长的王汉斌说:"实践证明,扩大全国人大常委会立法权,把大量的立法工作放在全国人大常委会,对于加快立法步伐,提高立法质量,起了重大作用。1982年宪法实施以来,我国制定的法律80%以上是由全国人大常委会审议通过的。即使是全国人大审议通过的法律,事先也都经过全国人大常委会审议,有的还经过多次审议,在比较成熟后才提交全国人大审议通过。如果没有这一项改革,我国的立法工作不可能取得如此显著的成绩,也不可能适应改革开放和现代化建设的需要。"[1]这意味着从结果来看,全国人大常委会主导国家立法的格局确实起到提高全国人大及其常委会整体立法效率的制度作用。

长期以来,回归全国人大的宪法地位,还是继续强化全国人大常委会地位,是全国人大制度改革一直存在的针锋相对的两种思路。论战双方各执一词,大体而言,主张回归全国人大宪法地位的学者主要是从民主理念、宪法规定等规范视角出发,强调维护全国人大最高立法机关地位的正当性和必要性;而更为务实的一方则认为,从立法实际运作以及最终的立法表现来看,进一步扩大全国人大常委会立法权限并充实其立法能力才是可行之策。在依宪治国理念的感召下,在文本导向的宪法解释学助推下,学界主流意见更倾向于使全国人大复归其位,扭转全国人大和全国人大常委会在立法上日益失衡的局面。不过,历史和现实似乎站在了继续强化全国人大常委会地位一方。正如本章开篇诺思所言,"现在和未来的选择是由过去所型塑的","制度的连续性把现在、未来和过去

---

[1] 王汉斌:《王汉斌访谈录:亲历新时期社会主义民主法制建设》,中国民主法制出版社2012年版,第80页。

连结在了一起"。我们不得不面对的是,全国人大立法能力不足既非短期形成的现象,也不是短期可以改观的问题;同时,我们不得不承认的是,全国人大常委会主导国家立法的格局既历经历史的沉淀已经形成"路径依赖",[1]也具有深厚的现实合理性。或许,不再"等待戈多",才是更可取的选择。

---

[1] 参见张执中:《从"依法治国"到"有限政府"?——中国法制道路的路径依循分析》,载《东亚研究》2005年第2期。

第三章　我国国家立法权配置的组织基础

导　论

在相当一部分论者看来,我国国家立法权配置存在基本法律和非基本法律的范围划分不清、基本法律修改权的约束条件不明等制度漏洞,因此应对之道是从规范层面予以填补。[1] 而在另一部分论者看来,会期长短、[2]代表规模、[3]代表兼职[4]等是制约全国人大行使立法权的制度短板。这些研究无疑揭示了我国国家立法权配

---

[1] 参见薛佐文:《对立法权限度的法理思考——专论全国人大与全国人大常委会的立法权限》,载《河北法学》2008年第2期。

[2] 参见蒋劲松:《代议会期制度探究》,载《法商研究》2015年第1期。

[3] 参见阚珂:《全国人民代表大会代表名额确定依据探讨》,载《政治学研究》1987年第5期。

[4] 参见周伟:《论全国人大及其常委会组成人员的专职化》,载《江苏行政学院学报》2009年第5期。

置存在的多方面问题,但主要解释了为何全国人大立法能力不足、立法表现不佳,却无法充分说明为何改革开放以来全国人大常委会立法能够取得如此亮眼的立法成绩。因此,分析我国国家立法权配置的实践样态还需要寻求新的解释维度。

全国人大下设全国人大常务委员会作为其闭会期间的常设机关,并由宪法在二者之间配置国家立法权,是我国人大组织形式和立法体制的一大特色。对于全国人大常委会的角色,有学者称其为"议会中的议会"[1];如果再考虑到其享有的立法权,有学者则将其看作是"立法机关中的实际立法机构"[2]。从1982年宪法以及相关法律规定来看,全国人大常委会对全国人大的运转起着关键作用:其一,全国人大常委会负责组织全国人大代表的选举;其二,全国人大常委会负责召集全国人大会议,于会前通知全国人大代表开会日期和建议大会讨论的主要事项,并主持全国人大正式会议前的预备会议;其三,全国人大常委会负责确认全国人大代表的资格。除了运转离不开全国人大常委会提供的各项辅助外,全国人大的职权与全国人大常委会的职权之间关联紧密,[3]甚至前者特定职权的行使需要后者的协助,典型的如全国人大以授权的方式将制定法律的权力授予全国人大常委会。2023年修改后的《立法法》确认了此前就存在的实践做法,其第10条第4款明确规定,全国人大可以授权全国人大常委会制定相关法律。但是,尽管全国人大的有效运转和职权行使都需要全国人大常委会提供必要的支持与配合,不可否认的是,从产生机制、民意基础、职权来源、存在形态方面来看,全国人大和全国人大常委会是两个

---

[1] 蔡定剑:《中国人民代表大会制度》,法律出版社2003年版,第228页。
[2] 孙哲:《全国人大制度研究(1979—2000)》,法律出版社2004年版,第91页。
[3] 林彦将全国人大和全国人大常委会的职权概括为相对独立型、共享型、辅助型三种。参见林彦:《再论全国人大常委会的基本法律修改权》,载《法学家》2011年第1期。

独立的国家机关。[1] 总而言之,"全国人大常委会具有'机关的独立性'"[2]。

"人大及其常委会的职权要通过其内部组织的职能来实现。"[3]正是由于全国人大常委会是独立于全国人大的国家机关,并且宪法分别赋予它们相应的国家立法权,从而使得二者各自拥有一套独立的组织体系,成为我国国家立法权配置的组织基础。因此,研究我国国家立法权配置,应当从传统的"职权—机关"维度,进一步拓展到组织层面,遵循"职权—机关—组织"的思考路径。这是一种典型的功能主义思路,张翔将其核心要义概括为"以机关结构决定职权归属"并"因职权需要调整组织结构"。[4] 实际上,1982年修改宪法改革人大制度,"扩大全国人大常委会的职权和加强它的组织"同时进行,相辅相成,可以视为功能主义思路的具体体现。用彭真在《关于中华人民共和国宪法修改草案的报告》中的话来说,包括人大制度改革在内的国家机构改革的原则之一,是"使国家机关能够更有效地领导和组织社会主义建设事业"。[5]同样出于功能主义的考量,全国人大常委会每年向全国人大所作的工作报告中,除了按照常规汇报其履行宪法和法律赋予的立法、监督等职责的具体情况外,还会固定用一定的篇幅汇报其如何"加

---

[1] 参见韩大元:《论全国人民代表大会之宪法地位》,载《法学评论》2013年第6期。

[2] 钱坤:《全国人大常委会宪法地位的历史变迁与体系展开》,载《法学研究》2022年第3期。

[3] 褚宸舸:《全国人大常委会法工委职能之商榷》,载《中国法律评论》2017年第1期。

[4] 参见张翔:《我国国家立法权配置原则的功能主义解释》,载《中外法学》2018年第2期。

[5] 《彭真文选》,人民出版社1991年版,第453-456页。

强常委会自身建设"。[1]

正如刘松山所言,"立法机关内部机构之间的相互关系是相当复杂的问题,能否妥善和科学地处理好内部机构之间的相互关系,直接影响到立法的效率乃至立法的方向"[2]。在某种意义上,法律就是立法机关生产并对外输出的公共产品,而立法机关内部职能机构的设置及其运行机制则如同生产线上的工人和加工环节,其专业化水平、制度化程度的高低,对于最终产出的法律的数量与质量有着重要影响。但现有的研究鲜有从组织的角度分析我国国家立法权配置的实践问题。[3] 既有研究可以归结为两种思路:其一,从"职权—机关"的维度探讨全国人大立法职能弱化的表现与对策。这类研究要么是以某部或某些法律的制定或修改为例,要么是以全国人大宏观的立法表现为出发点,分析职权与机关的不匹配,得出的结论往往指向强化全国人大立法能力,扭转规范与实践的错位。[4] 其二,专门研究具体的立法职能机构,主要集中于专门委员会和法制工作委员会。[5] 这类研究已经将视角转向立法机关内部且较为翔实,但并未自觉从"职权—机关—组织"三者

---

[1] 例如,2024年的全国人大常委会工作报告中,全国人大常委会在汇报其过去一年的工作时,第六部分即为"按照'四个机关'的定位和要求,全面加强常委会自身建设",包括了推进工作制度化、规范化,充分发挥专门委员会、工作委员会作用,加强全国人大机关建设等方面的内容。参见赵乐际:《在第十四届全国人民代表大会第二次会议上的讲话》,载《全国人民代表大会常务委员会公报》2024年第2号。

[2] 刘松山:《中国立法问题研究》,知识产权出版社2016年版,第301页。

[3] 刘松山认为,"在理论视野中深入研究立法机关内部机构的设置及其相互之间的关系和具体运作程序,是一项十分重要的课题"。刘松山:《中国立法问题研究》,知识产权出版社2016年版,第301页。

[4] 例如,有学者提出,应当强化全国人大的立法能力,以确保全国人大依宪行使基本法律修改权。参见刘怡达:《论全国人大的基本法律修改权》,载《环球法律评论》2023年第5期。

[5] 这方面代表性成果,参见褚宸舸:《全国人大常委会法工委职能之商榷》,载《中国法律评论》2017年第1期。

关联的角度深入分析。鉴于此,本章尝试从组织维度并采取内部视角对我国国家立法权配置进行研究,在梳理全国人大和全国人大常委会立法职能机构的基础上,着重分析全国人大常委会的比较优势。本书认为,全国人大常委会内部专业且高效的立法职能机构不仅是其立法表现更佳的关键因素,而且对于全国人大立法同样具有建设性作用。

第一节 全国人大的立法职能机构

根据1982年宪法和相关法律,主席团、代表团和专门委员会是全国人大的三大立法职能机构。与专门委员会相比,主席团和代表团不仅是临时组成的,而且也不具备专业性。实际上,主席团是全国人大立法过程的领导机构,代表团和专门委员会在某种程度上都需要服从主席团的安排。此外,作为专业立法职能机构的专门委员会也受限于程序设计和领导体制,对全国人大的立法作用有限。

一、全国人大主席团

主席团是全国人大会议期间的主持机构。不同于资本主义国家议会往往由一人议长主持会议,我国全国人大会议由一百多人组成的具有广泛代表性的主席团集体主持。[1] 这一颇具特色的制度设计,借鉴自苏联的苏维埃制度,体现了社会主义国家代议机

---

[1] 参见全国人大常委会法制工作委员会国家法室编著:《中华人民共和国立法法释义》,法律出版社2015年版,第96页。

构不同于资本主义国家代议机构的集体领导原则。[1] 主席团由全国人大常委会提出成员名单,经全国人大正式会议前的预备会议同意后正式成立,在正式会议期间采取轮流主持的运行方式。

作为全国人大会议的主持机构,主席团在全国人大立法过程中主要扮演着草案提出者、议程设置者和分歧决定者三种角色。首先,主席团是全国人大立法动议的发起者。之所以如此规定,是为了应对大会期间临时提出法律案的需要。[2] 其次,主席团还是全国人大立法议程的设置者。[3] 根据《立法法》第17条、第18条,主席团、特定国家机关、一个代表团或者30名以上的代表联名是有权向全国人大提出法律案的三类法定主体。对于这三类主体提出的法律案,主席团有权作不同处理:主席团提出的法律案受到了"程序优待",直接列入议程;一个代表团或者30名以上的代表联名提出的法律案则要接受主席团的严格审查;特定国家机关提出的法律案也要接受主席团的审查,但审查程度次于一个代表团或者30名以上的代表联名提出的法律案。[4] 由此可见,主席团决定着全国人大的立法议程,所有的立法动议必须经过其把关后才能进入后续的审议环节。最后,全国人大立法过程中的分歧由主席团决定。根据《立法法》第23条的规定,在统一审议法律草案过程中,宪法和法律委员会应当对涉及的合宪性问题以及重要的不

---

[1] 参见何俊志:《作为一种政府形式的中国人大制度》,上海人民出版社2013年版,第4页。

[2] 参见全国人大常委会法制工作委员会国家法室编著:《中华人民共和国立法法释义》,法律出版社2015年版,第74页。

[3] 何俊志指出,县级地方人大主席团也起着设定议程的作用。参见何俊志:《制度等待利益——中国县级人大制度模式研究》,重庆出版社2005年版,第140页。

[4] 这种"差序格局"的程序安排的现实影响是,至今没有全国人大代表提出的法律案列入过会议议程。参见全国人大常委会法制工作委员会国家法室编著:《中华人民共和国立法法释义》,法律出版社2015年版,第79页。

同意见向主席团报告,由主席团审议决定。总的来说,在全国人大会议期间临时设立的主席团,主要从程序和实体两方面对全国人大立法进行把关,实质上扮演着领导机构的角色。

二、全国人大代表团

代表团是全国人大会议期间由全国人大代表组成的临时性团体。这一独特的组织形式旨在应对全国人大过于庞大的规模难题,是一种便于操作的制度设计,因为分割为更小的团体之后,理论上能够进行更为充分的审议。[1] 根据《全国人大组织法》第10条的规定,全国人大代表按照选举单位组成代表团。实际上,代表团分为地域代表团和职业代表团两种:前者由省级单位选举产生的全国人大代表组成;后者则是由军队选举产生的代表组成,体现了军队在我国政治生活中的重要地位。[2]

就全国人大立法而言,代表团主要有提出法律案和审议法律案两个职能。在提出法律案方面,虽然法律赋予了代表团提出法律案的主体资格,但立法实践中,由于全国人大代表团乃是临时组织,组成代表团的代表也是兼职而非专职,并且代表团提出的法律案要接受严格的程序审查,导致代表团的提案权在实践层面容易被虚置。在审议法律案方面,代表团的审议功能也不如制度所预设的那样运作良好。一方面,这是因为代表不仅是兼职,而且缺乏专业助理辅助立法,使得代表们在人数更少的代表团会议上也难以有效行使代议职能。另一方面,实践中,代表团的组织和运作具有浓厚的行政化色彩。最为重要的地域代表团分为团长、副团长

---

[1] 参见孙哲:《全国人大制度研究(1979—2000)》,法律出版社2004年版,第82-86页。

[2] 参见蔡定剑:《中国人民代表大会制度》,法律出版社2003年版,第153页。

和普通成员三种类型,而团长和副团长都由该地域内的重要领导担任,负责召集和主持包括审议法律案在内的代表团会议。[1] 这种领导成员一身二任的人事构成,是典型的行政式组织,而组织的行政化使得代表团的运作也呈现出行政化的面向,进而造成审议过程形式化,代表在代表团中的审议并不充分。[2]

三、全国人大专门委员会

"立法机关委员会制度作为立法机关实际运作过程的组织机构形式,直接关系到代议制度功能的发挥。"[3] 比较法研究也指出,各国立法机关无论采取何种法案审议模式,委员会都是必经程序和重要环节。[4] 在我国,专门委员会的立法功能更为突出和重要,这是因为全国人大由兼职代表组成,在短暂的会期之中,专门委员会作为专业性立法职能机构对立法有着重要影响。更为重要的是,在全国人大和全国人大常委会闭会期间,常设性的专门委员会不受会期限制,依然能持续运转,继续履行立法职能。[5] 因此,专门委员会的审议对法律案的通过与否以及质量高低起着决定性作用。

九届全国人大常委会委员长李鹏指出:"专门委员会的工作有两个明显的特点和优势,第一是专业性。各专门委员会是按照专

---

〔1〕 参见孙哲:《全国人大制度研究(1979—2000)》,法律出版社 2004 年版,第 66 页。

〔2〕 参见王元成:《全国人大代表政治行为研究——以笔者的亲身经历为例》,法律出版社 2014 年版,第 112-156 页。

〔3〕 周伟:《近代立法机关委员会产生的原因探讨》,载《西南交通大学学报(社会科学版)》2002 年第 1 期。

〔4〕 参见易有禄:《各国议会立法程序比较》,知识产权出版社 2009 年版,第 55 页。

〔5〕 参见周伟:《人民代表大会专门委员会之法律地位探讨》,载《社会主义研究》1993 年第 1 期。

业原则组建的,其组成人员大多是熟悉本专门委员会业务的专家学者或有着丰富实践经验的领导干部,这就使各专门委员会都具有各自的专业优势。第二是经常性。全国人大一般每年举行一次会议,全国人大常委会每两个月举行一次会议,而专门委员会的工作则是经常性的,在全国人大和它的常委会闭会期间仍然开展工作。这就便于它们对有关议案进行充分研究,深入调查,广泛听取各方面的意见,仔细比较各种可供选择的方案,为全国人大及其常委会审议和通过有关议案和法律案做好准备。多年实践证明,人大及其常委会的大量工作,是由专门委员会承担的,专门委员会是全国人大及其常委会的得力助手。改进和加强专门委员会工作,对做好人大工作有着十分重要的意义。"[1]

全国人大专门委员会伴随全国人大制度的建立而建立,并根据现实需求而逐步发展,经历了"从小到大、由少变多"的发展历程。[2] 大体而言,专门委员会的发展经历了三个阶段。第一个阶段自1954年至1982年现行宪法通过。在此期间,全国人大专门委员会不仅数量少,只有民族委员会等五个专门委员会,而且多为临时性机构,只在会议期间活动。即便是常设的民族和法案两个委员会在闭会期间也并不活跃。[3] 专门委员会在1982年现行宪法通过后步入快速发展的第二个阶段。在修宪者的构想中,增设专门委员会作为全国人大和它的常委会的办事机构,协助二者进行立法和监督等工作,是强化全国人大整体效能的有效组织手

---

〔1〕《李鹏文集》(下),人民出版社2024年版,第348—349页。

〔2〕 参见尹中卿等:《中国人大组织构成和工作制度》,中国民主法制出版社2010年版,第74页。

〔3〕 参见尹中卿等:《中国人大组织构成和工作制度》,中国民主法制出版社2010年版,第74页。

段。[1] 于是,自六届全国人大开始,专门委员会不仅数量逐步增加,而且组成人数也逐步增多,已经发展成为立法过程中专业化组织力量,承担了大量的经常性工作。[2] 即便如此,继续增设专门委员会的学术主张仍时有耳闻。[3] 第三个阶段以 2018 年年初中共中央发布《深化党和国家机构改革方案》为标志。[4] 根据该方案对全国人大机构改革的布置,十三届全国人大的专门委员会设置进行了三项调整:一是增加了法律委员会在合宪性审查等宪法事务方面的职责,并将其更名为宪法和法律委员会;[5] 二是内务司法委员会更名为监察和司法委员会,以配合国家监察体制改革的推进;三是为加强社会建设,增设新的社会建设委员会。十四届全国人大延续了十三届全国人大的专门委员会设置。表 3-1 整理了目前十个专门委员会的设立与变动情况。

表 3-1　全国人大专门委员会的设立与变动

届次	专门委员会
六届	设立法律委员会(十三届全国人大一次会议更名为宪法和法律委员会)、民族委员会、财政经济委员会、教育科学文化卫生委员会、外事委员会、华侨委员会
七届	增设内务司法委员会(十三届全国人大一次会议更名为监察和司法委员会)

---

[1]　参见肖蔚云:《论宪法》,北京大学出版社 2004 年版,第 539-540 页。
[2]　参见尹中卿等:《中国人大组织构成和工作制度》,中国民主法制出版社 2010 年版,第 77-79 页。
[3]　参见周伟:《全国人大增设专门委员会问题探讨》,载《河北法学》2000 年第 1 期。
[4]　《中共中央印发〈深化党和国家机构改革方案〉》,载《人民日报》2018 年 3 月 22 日,第 1 版。
[5]　参见《全国人民代表大会常务委员会关于全国人民代表大会宪法和法律委员会职责问题的决定》,载《全国人民代表大会常务委员会公报》2018 年第 4 号。

续表

届次	专门委员会
八届	增设环境保护委员会（八届全国人大二次会议更名为环境与资源保护委员会）
九届	增设农业与农村委员会
十届	无
十一届	无
十二届	无
十三届	增设社会建设委员会
十四届	无

根据《全国人大组织法》第34条第3款，专门委员会由主任委员一名、副主任委员若干名和委员若干名组成，从全国人大代表中选举产生。实践中，全国人大常委会组成人员也大量进入专门委员会。这种常委会组成人员和专门委员会组成人员部分重合的制度设计，被认为能起到强化专门委员会职能、提高全国人大常委会审议质量的双重制度功效。[1] 在全国人大立法过程中，与临时性的主席团和代表团相比，专门委员会是一个专业化的职能机构，主要承担审议立法的职能。从法律规定来看，专门委员会是全国人大立法过程中的法定审议主体，实际上也是最为重要的专业化审议主体。"实践证明，法律案经过专门委员会的审议，对保证立法质量，具有至关重要的作用。"[2] 这是因为，与主席团和代表团相

---

〔1〕 参见尹中卿等：《中国人大组织构成和工作制度》，中国民主法制出版社2010年版，第106页。

〔2〕 全国人大常委会法制工作委员会国家法室编著：《中华人民共和国立法法释义》，法律出版社2015年版，第92页。

比,专门委员会不仅是常设的,而且是专业的。因此可以说,专门委员会是全国人大唯一的专业立法力量。[1]

在程序上,专门委员会审议法律案具有两个鲜明特点:其一,各个专门委员会既存在差异又相互配合,采用的是宪法和法律委员会统一审议和有关专门委员会并行审议相结合的模式。如学者所言,这种独特的审议模式的形成并非偶然,而是有着深厚的历史背景和现实合理性。[2] 但来自学界的批评也不绝于耳。[3] 其二,其他专门委员会审议过的法律案,还需要再经宪法和法律委员会统一审议,宪法和法律委员会提出的审议结果报告和法律草案修改稿需要由作为会议主持机构的主席团审议,审议通过后才能提交全体会议表决。换言之,在程序安排上,专门委员会的统一审议并不具有法律效力,也就是说"审而不决",需要经主席团审议通过后才能生效。[4] 这一点是我国法案审议制度的一大特色,[5]也意味着专门委员会的专业化审议在程序上应当接受主席团的领导。

专门委员会的领导体制也影响了其在全国人大立法中的作用发挥。根据1982年宪法第70条的规定,专门委员会实行双重领导体制,除了在全国人大会议期间受全国人大领导,在闭会期间还要受全国人大常委会领导。但众所周知,全国人大会期非常短暂。这就意味着专门委员会更多是在全国人大常委会的领导下开展工

---

[1] 参见尹中卿等:《中国人大组织构成和工作制度》,中国民主法制出版社2010年版,第105-106页。

[2] 参见易有禄:《各国议会立法程序比较》,知识产权出版社2009年版,第80页。

[3] 参见周伟:《全国人大法律委员会统一审议法律草案立法程序之改革》,载《法律科学》2004年第5期。

[4] 参见易有禄:《各国议会立法程序比较》,知识产权出版社2009年版,第87页。

[5] 参见易有禄:《各国议会立法程序比较》,知识产权出版社2009年版,第57-58页。

作,导致实践中专门委员会不仅缺乏向全国人大提出法律案的制度动力,而且从后果来看,也没有必要向全国人大提出法律案,因为全国人大常委会能够更为高效地将法案上升为法律。其结果是,全国人大仅能从专门委员会那里获得有限的协助,而下文将详细分析,全国人大常委会则得到了来自专门委员会的组织化、专业化的支持。总而言之,在目前的制度设计下,专门委员会对于全国人大立法的作用和价值不宜高估。正如韩大元所指出的,"现在大会的专门委员会实质上在为常委会服务"[1]。

第二节　全国人大常委会的立法职能机构

全国人大常委会实行间断会议制,一般每两个月开会一次。对于全国人大常委会立法而言,不管在会期之内还是闭会期间,都离不开全国人大常委会内部的立法职能机构发挥作用,其中最为重要的是委员长会议、专门委员会和法制工作委员会。从功能上看,这三个职能机构大体可以分为两类:委员长会议更多地扮演着政治领导的角色,而专门委员会和法制工作委员会则更侧重于从专业上为立法提供助力。需要强调的是,这三个立法职能机构并非截然分开、互不相关,实践中形成了"委员长会议—宪法和法律委员会以及法制工作委员会—其他专门委员会"层层节制的层级化结构,具有较为明显的"官僚立法"色彩,[2]深刻地塑造着全国人大常委会立法体制,并影响全国人大常委会的立法运作过程。

---

[1] 韩大元:《论全国人民代表大会之宪法地位》,载《法学评论》2013年第6期。
[2] 参见王理万:《立法官僚化:理解中国立法过程的新视角》,载《中国法律评论》2016年第2期。

一、全国人大常委会委员长会议

（一）全国人大常委会委员长会议的宪法定位

1982年宪法增设由委员长、副委员长和秘书长组成的委员长会议,[1]是为了匹配职权强化后的全国人大常委会而采取的组织措施,负责处理全国人大常委会的重要日常工作。与现行宪法同年通过的《全国人大组织法》将"重要日常工作"细化为决定常委会会期等三项具体职能的同时,还做了概括式的兜底规定。曾参与宪法修改工作的学者肖蔚云解释说:"宪法的这一新规定,也是为了加强全国人大常委会的工作,因为全国人大常委会会议一般两个月举行一次,不可能经常处理重要日常工作,委员长会议则可以开得更经常些,研究和处理这些工作,更好地发挥全国人民代表大会常务委员会的作用。而委员长会议又不超越全国人民代表大会常务委员会的职权,所以它是为更好地发挥全国人民代表大会常务委员会作用所创造的一种有效组织形式。"[2]同样参与了修宪工作的王汉斌也表达了类似的看法。[3] 由此可见,设立委员长会议是为了应对全国人大常委会会期过短的问题。值得注意的是,在修宪者眼中,委员长会议有着明确的宪法边界,那就是不得"超越"全国人大常委会。

---

〔1〕 1957年,全国人大常委会机关党组向党中央提出《关于健全我国人民代表大会制度的几点意见的报告》。该报告中提出的一项意见是,由委员长、副委员长、秘书长组成办公会议,每周举行一次会议,以加强对全国人大常委会日常工作的领导。这一未设立的机构与现行宪法下的委员长会议,从人员构成到制度功能都极为相似。参见田侠:《党领导立法的实证研究——以北京市人大及其常委会为例》,中国社会科学出版社2016年版,第101-102页。

〔2〕 肖蔚云:《论宪法》,北京大学出版社2004年版,第606页。

〔3〕 参见王汉斌:《王汉斌访谈录:亲历新时期社会主义民主法制建设》,中国民主法制出版社2012年版,第90页。

但正如刘松山所言,委员长会议是一个"非常特殊的机构"。[1] 由于宪法和相关法律的规定都较为模糊,它的宪法地位并不明确。主流观点认为,它是辅助全国人大常委会履职的"事务性机构",反对将其作为"权力机构"来看待。[2] 之所以着重强调它不是"权力机构",是因为学界近年来发现委员长会议实际上已经是全国人大常委会的"权力中心"和"决策中心"。孙哲认为委员长会议正在变成"实权组织"。[3] 蔡定剑也认为委员长会议是全国人大常委会的"领导机构","起着领导核心作用"。[4] 朱景文等人则指出,委员长会议对全国人大常委会的"机构设置"和"程序安排"都有重要影响。[5] 对于这一宪法定位模糊的机构,学者们一致同意它事实上权力广泛且地位重要,如刘松山所说,"委员长会议的权力实际上很大"。[6] 与此同时,学者们都认为委员长会议的影响力增强使全国人大常委会染上了一定的行政色彩。[7]

然而,不可否认的是,委员长会议的职权扩张意味着全国人大常委会地位和功能的提升,也实实在在地促进了全国人大常委会

---

〔1〕 参见刘松山:《人大主导立法的几个重要问题》,载《政治与法律》2018年第2期。

〔2〕 参见马岭:《委员长会议之设置和权限探讨》,载《法学》2012年第5期。

〔3〕 参见孙哲:《全国人大制度研究(1979—2000)》,法律出版社2004年版,第97页。

〔4〕 参见蔡定剑:《中国人民代表大会制度》,法律出版社2003年版,第235页。

〔5〕 参见朱景文主编:《中国人民大学中国法律发展报告2010:中国立法60年——体制、机构、立法者、立法数量》(上册),中国人民大学出版社2011年版,第72页。

〔6〕 参见刘松山:《人大主导立法的几个重要问题》,载《政治与法律》2018年第2期。

〔7〕 参见马岭:《委员长会议之设置和权限探讨》,载《法学》2012年第5期;马岭:《中国〈立法法〉对委员长会议职权的规定》,载《学习与探索》2013年第8期;马岭:《〈全国人大组织法〉对委员长会议职权的规定》,载《哈尔滨工业大学学报(社会科学版)》2014年第2期;马岭:《全国人大常委会委员长会议的扩权现象研究》,载《江汉学术》2015年第4期;刘松山:《人大主导立法的几个重要问题》,载《政治与法律》2018年第2期。

的制度建设乃至职权行使。[1] 最为典型的例子是,全国人大常委会"三审制"就是在委员长会议的推动下逐步形成的。关于全国人大常委会的审议程序,1982年通过的《全国人大组织法》付之阙如,当时一般采取一审制,即在提请审议法律案的当次会议上就直接表决,审议很不充分。[2] 为了保障全国人大常委会组成人员的审议时间,避免仓促通过法律,经时任委员长的彭真提议,委员长会议最终"商定",[3] 立法程序一般采取两步走的"两审制":初次审议主要听取提案主体对法律草案所作的说明;会后交由专门委员会继续审议,常委会组成人员也自行审议;随后的常委会会议再行审议该法律草案。[4] 1987年通过的《全国人大常委会议事规则》正式将"两审制"定型为法定审议制度。1998年,时任九届全国人大常委会委员长的李鹏在常委会会议等不同场合多次强调,为解决审议时间不充分的问题,审议程序应由"两审制"发展为"三审制"。[5] 2000年通过的《立法法》进一步将"三审制"上升为法定制度。类似的例子还有法律草案向社会公开征求意见制度,也是由时任委员长提出并经委员长会议决定后才建立起来。[6] 从以上两个制度发展的例证中可以发现一个细节,委员长是委员长会议的核心,扮演着关键角色。深度参与宪法修改工作的许崇德指

---

[1] 参见冀业:《全国人大委员长会议组织与权力运作研究》,北京大学2009年硕士学位论文,第19页。

[2] 参见张春生主编:《中华人民共和国立法法释义》,法律出版社2000年版,第105页。

[3] 参见《彭真传》编写组编:《彭真年谱(1902—1997)》(第5卷),中央文献出版社2012年版,第180页。

[4] 参见《彭真传》编写组编:《彭真年谱(1902—1997)》(第5卷),中央文献出版社2012年版,第180页。

[5] 参见李鹏:《立法与监督:李鹏人大日记》(上),新华出版社、中国民主法制出版社2006年版,第281-284页。

[6] 参见陈斯喜:《十大事件:见证三十年立法工作辉煌历程》,载《中国人大》2008年第20期。

出:"规定委员长会议主持全国人大常委会的工作,召集全国人大常委会会议,副委员长、秘书长协助委员长工作,从而使合议制的集体领导体制渗入了某种首长制的因素。这样,常委会既能保证决策正确,又可以加强领导责任,提高工作效率。""规定委员长、副委员长、秘书长组成委员长会议,处理全国人大常委会的重要日常工作。以前的宪法并无委员长会议,所以1982年宪法的规定是一种新的形式。这种形式对于发挥集体智慧,加强领导核心的作用,有着十分积极的意义。"[1]

除了建构具体的立法制度,委员长会议还实际上享有决策权,通过发布"工作文件"的方式指导全国人大常委会乃至于全国人大有关工作。这方面的典型例子是2005年《中共中央转发〈中共全国人大常委会党组关于进一步发挥全国人大代表作用,加强全国人大常委会制度建设的若干意见〉的通知》发布后,为贯彻落实党中央决策,委员长会议于2005年6月17日召开第三十三次会议,学习文件精神,并原则通过五个落实文件要求的"工作文件"。[2]这五个"工作文件"主要关注以下两个问题:其一是发挥全国人大代表作用,包括《关于加强和规范全国人大代表活动的若干意见》《全国人民代表大会代表议案处理办法》《全国人民代表大会代表建议、批评和意见处理办法》;其二是加强全国人大常委会制度建设,分别是《全国人大常委会机关信访工作若干规定》和《关于充分

---

〔1〕 许崇德:《中华人民共和国宪法史》(下卷),福建人民出版社2005年版,第511-512页。此外,曾任六届全国人大常委会委员长的彭真则强调委员长会议决策实行民主集中制。他说:"我们有委员长会议,常委会的重要日常工作都是经委员长会议酝酿讨论提出的,不是委员长个人决定。"《彭真传》编写组编:《彭真年谱(1902—1997)》(第5卷),中央文献出版社2012年版,第422页。

〔2〕 参见全国人民代表大会常务委员会办公厅编:《全国人民代表大会及其常务委员会大事记(1954—2014)》,中国民主法制出版社2014年版,第767页。

发挥专门委员会作用的若干意见》。[1]

从构成上看,委员长会议由包括党的政治局常委在内的各方面领导组成。[2] 更为重要的是,委员长会议组成人员中的党员委员长、副委员长、秘书长,经中共中央批准组成全国人大常委会党组。[3] 全国人大常委会党组是党领导全国人大的制度保证,[4] 构成了党集中统一领导人大与立法的组织保障。[5] 党的十八大以来,习近平总书记连续多年主持中央政治局常委会会议听取全国人大常委会党组工作汇报。例如,2015年1月16日,中共中央政治局常委会专门听取全国人大常委会党组、国务院党组、全国政协党组、最高人民法院党组和最高人民检察院党组汇报工作,并强调设立党组对落实党的领导的重要性。[6]

根据《中国共产党党组工作条例》第6条,党组设立在中央和地方国家机关等非党组织的"领导机关"中。这也从侧面印证了委员长会议实际上是全国人大常委的"领导机关"。[7] 委员长会

---

[1] 这五个"工作文件"的主要内容,参见《落实中共中央转发〈若干意见〉通知精神　全国人大常委会办公厅出台5个相关工作文件》,载《中国人大》2005年第12期。

[2] 参见朱景文主编:《中国人民大学中国法律发展报告2010:中国立法60年——体制、机构、立法者、立法数量》(上册),中国人民大学出版社2011年版,第74页。

[3] 参见刘建军、何俊志、杨建党:《新中国根本政治制度研究》,上海人民出版社2009年版,第68页。

[4] 参见刘建军、何俊志、杨建党:《新中国根本政治制度研究》,上海人民出版社2009年版,第69页。

[5] 十二届全国人大常委会五年任期内,全国人大常委会党组共向党中央请示报告202件次,习近平总书记从2014年到2018年连续主持政治局常委会听取全国人大常委会的工作汇报。参见张德江:《在第十三届全国人民代表大会第一次会议上》,载《人民日报》2018年3月25日,第1版。

[6] 窦树华、郭振华主编:《全国人民代表大会年鉴》(2015年卷),中国民主法制出版社2016年版,第1192页。

[7] 例如,十二届全国人大常委会委员长张德江在2016年的全国人大常委会工作报告中指出:"常委会党组在全国人大各专门委员会设立分党组,加强专门委员会党的建设。"参见中共中央党史和文献研究室编:《十八大以来重要文献选编》(下),中央文献出版社2018年版,第664页。

议和常委会党组在人事上的高度重叠,使之成为联结党中央与全国人大的组织枢纽、沟通党的意志和民意的制度渠道。在2018年3月召开的十三届全国人大第一次会议上,时任十二届全国人大常委会委员长张德江在五年工作报告中披露:"贯彻落实党中央全面从严治党战略部署,切实加强全国人大常委会党组建设,发挥把方向、管大局、保落实作用。坚持把政治建设摆在首位,始终在政治立场、政治方向、政治原则、政治道路上同以习近平同志为核心的党中央保持高度一致。五年来,共向党中央请示报告202件次。"[1]曾任十三届全国人大常委会委员长的栗战书则指出:"常委会党组和委员长会议要加强对立法工作的组织、指导和协调,统筹安排好每年全国人民代表大会会议和常务委员会会议审议法律草案工作。"[2]实践中,每次委员长会议召开之前都要先开党组会议,研究讨论将要提请委员长决定的事项。[3] 也就是说,同样的议题要先后经过常委会党组和委员长会议通过,才能正式进入全国人大常委会的会议议程。[4] 这种双轨制运作模式既构成了委员长会议的权力基础,也体现了它的重要地位。[5]

---

〔1〕 张德江:《全国人民代表大会常务委员会工作报告——2018年3月11日在第十三届全国人民代表大会第一次会议上》,载《全国人民代表大会常务委员会公报》2018年第2号。

〔2〕 栗战书:《以新担当新作为书写新时代立法工作新篇章——在全国人大常委会立法工作会议上的讲话》,载《中国人大》2018年第18期。

〔3〕 参见陈斯喜:《人民代表大会制度概论》,中国民主法制出版社2008年版,第63页。

〔4〕 时间上先党的会议,再人大会议的"会议衔接"制度,是党运作人大制度的重要方式,体现在人大运作的很多方面,如全国人大会议之前召开党中央会议、全国人大预备会议之前先召开党员代表大会。参见李勇军:《当代中国组织网络及其控制问题研究》,天津人民出版社2014年版,第81页。

〔5〕 封丽霞强调,常委会党组不能"包办"或"代替"委员长会议,也不能发号施令。参见封丽霞:《执政党与人大立法关系的定位——从"领导党"向"执政党"转变的立法学阐释》,载《法学家》2005年第5期。

早在1987年,时任六届全国人大常委会副委员长的彭冲在一份报告中建议,加强委员长会议对人大机关的"集中统一领导"。[1] 随后,委员长会议对全国人大常委会工作实行集中统一领导的制度逐步确立起来。曾任八届全国人大常委会委员长的乔石也强调,委员长会议要对办公厅、专门委员会和法制工作委员会等机构实行统一领导,统筹安排它们的工作。[2] 因此,在全国人大常委会闭会期间,委员长会议领导和协调专门委员会、法制工作委员会等立法职能机构的日常工作,进而领导全国人大常委会的日常运作。[3]

表3-2的统计表明,委员长会议颇为活跃,不仅会议次数明显多于全国人大常委会,而且逐届增多,呈明显的上升趋势。因此,委员长会议开会频率高,能够经常开展工作。换个角度看,全国人大常委会和全国人大会期过短的制度短板,客观上为"处理重要日常工作"的委员长会议职权扩充和影响增强提供了制度上的可能。[4] 再加上我国的政治实践中,不管委员长会议还是全国人大常委会都是按照民主集中制原则组织和运转的。"因此,尽管会议自身体现了民主性,但是自身因其组织网络的科层性而具有等级性。"[5]

---

[1] 参见彭冲:《民主法制论集》,中国民主法制出版社1993年版,第25页。

[2] 参见乔石:《乔石谈民主与法制》(下),人民出版社2012年版,第343页。

[3] 通过听取汇报等方式,委员长会议对专门委员会和法制工作委员会等进行领导的做法经常见诸报端。参见毛磊、张洋:《张德江主持召开第五十一次委员长会议》,载《人民日报》2015年7月2日,第4版;王比学:《栗战书主持召开第四十次委员长会议》,载《人民日报》2019年9月8日,第4版。

[4] 参见周伟:《各国立法机关委员会制度比较研究》,山东人民出版社2005年版,第255页。

[5] 李勇军:《当代中国组织网络及其控制问题研究》,天津人民出版社2014年版,第81页。

表 3-2　近四届全国人大常委会和委员长会议会议次数

单位：次

机构	届次							
	十届		十一届		十二届		十三届	
	五年	平均	五年	平均	五年	平均	五年	平均
全国人大常委会	32	6.4	31	6.2	33	6.6	39	7.8
委员长会议	76	15.2	98	19.6	116	23.2	136	27.2

资料来源：根据中国人大网披露的信息资料自行整理。

由于全国人大常委会实行间断会议制，而委员长会议开会更为频繁，因此，委员长会议对于全国人大常委会立法的作用可以从全国人大常委会闭会期间和会议期间两个方面进行分析。之所以将全国人大常委会闭会期间和开会期间分开考察，除了制度设计本身的原因——设立委员长会议就是为了处理全国人大常委会闭会期间的经常性工作，还因为通过分析委员长会议在全国人大常委会闭会期间的作用，我们能够跳出正式立法程序的视野局限，更全面、完整地认识全国人大常委会的实际立法过程。

(二) 全国人大常委会委员长会议在全国人大常委会闭会期间的立法职能

如果仅仅关注《立法法》第二章第三节的相关规定，那么我们就会忽略正式立法程序之前的立法准备阶段对后续正式立法程序的决定性作用，从而无法了解全国人大常委会立法过程的全貌。从立法实践来看，全国人大常委会的立法过程的起点是立法规划，而非通常所认为的提案环节。[1] 这是因为一旦一个立法动议无

---

[1] 关于通说，参见尹中卿等：《中国人大组织构成和工作制度》，中国民主法制出版社 2010 年版，第 228-230 页。

法被列入全国人大常委会五年立法规划,就意味着它几乎无缘进入正式的立法程序。[1] 也就是说,立法规划环节构成了立法过程中的一个"否决点",能否通过"立法规划之门"直接决定着一项立法动议的命运。此外,为加强人大主导立法,立法规划也已经从早期的非正式制度上升为正式的立法制度,[2] 只不过《立法法》的相关规定不是在立法程序部分,使得立法规划对立法程序的关键作用不易被察觉。

根据官方解释,"全国人大常委会立法规划,是经党中央批准,全国人大常委会为明确其任期内立法的总体安排和部署,围绕国家中心工作,按照一定程序所编制的指导立法工作的文件"[3]。考察立法实践,立法规划实际上是全国人大及其常委会的五年立法议程,其主要功能包括整合立法资源、规划法律体系构建、落实党对人大整体立法进程的领导等。[4] 尽管立法规划面临约束全国人大是否正当等质疑,[5] 但总的来说,它对改善全国人大常委会被动立法的局面发挥了不可替代的作用。[6] 这也是立法规划能够获得正式法定地位的原因所在。[7]

---

〔1〕 参见梁存宁:《论"规划立法"模式的成功与不足——以全国人大常委会立法规划为研究对象》,载《人大研究》2013年第2期。

〔2〕 参见武增:《2015年〈立法法〉修改背景和主要内容解读》,载《中国法律评论》2015年第5期。

〔3〕 全国人大常委会法制工作委员会国家法室编著:《中华人民共和国立法法释义》,法律出版社2015年版,第165页。

〔4〕 参见孔德王:《议程设置视角下的立法规划》,载《人大研究》2019年第5期。

〔5〕 参见刘松山:《立法规划之淡化与反思》,载《政治与法律》2014年第12期。

〔6〕 参见蔡定剑:《20年人大立法的发展及历史性转变》,载《国家行政学院学报》2000年第5期。

〔7〕 资料显示,1999年立法法草案曾写入了委员长会议编制立法规划的条文,但在法律委员会和法制工作委员会联合召开的全国人大常委会内部座谈会上产生了不小的争议,最终,相关条文没有写入2000年的立法法。参见刘松山:《中国立法问题研究》,知识产权出版社2016年版,第23-24页。

目前,立法规划的制定程序包括三个环节,分别是:第一,法制工作委员会负责具体的立法规划编制工作;第二,全国人大常委会党组及委员长会议通过立法规划;第三,党中央批准立法规划后,由委员长会议向社会正式公布。[1] 从制定程序来看,立法规划是在党的领导下制定的,而具体编制工作则由法制工作委员会在委员长会议的领导下进行。也就是说,在立法规划环节,党和全国人大常委会党组联手把关,而且委员长会议和法制工作委员会这两个机构也因立法规划而联系紧密、互动频繁。其中,委员长会议以及全国人大常委会党组是联结党中央和全国人大常委会的组织枢纽。[2] 一方面,委员长会议领导法制工作委员会的具体编制工作;另一方面,设立于委员长会议的党组则负责向党中央汇报立法规划并扮演"把关者"的角色。法律文本用"通过"而不是"制定"来表述委员长会议在立法规划制定过程中的制度角色,[3] 精准地描述出了"把关者"的制度功能。

总而言之,立法规划已经成为全国人大常委会正式立法程序的"前置程序",其影响可谓深远。一方面,委员长会议决定了全国人大常委会乃至全国人大五年任期内的立法议程,[4] 使得立法过程向前延伸到了正式的提案环节之前;另一方面,全国人大常委会党组和委员长会议的共同把关,确保党的意志能够贯彻到立法全局和全过程,集聚起有限的立法资源,推动立法机关按照事先确定

---

[1] 参见阚珂:《人民代表大会那些事》,法律出版社2017年版,第137—142页。
[2] 参见韩丽:《中国立法过程中的非正式规则》,载《战略与管理》2001年第5期。
[3] 有人认为,立法规划应当由全国人大常委会而不是委员长会议"通过"才正当。参见刘松山:《中国立法问题研究》,知识产权出版社2016年版,第24页。
[4] 有学者对全国人大常委会立法规划安排全国人大立法议程的正当性提出了质疑。参见赵一单:《论基本法律的程序性判断机制》,载《政治与法律》2018年第1期。

的规划有序高效地运转。[1]

(三)全国人大常委会委员长会议在全国人大常委会开会期间的立法职能

不同于既有研究,本文分析会议期间委员长会议的立法职能侧重于实然层面而非应然层面。[2]综合正式立法程序和非正式的立法惯例,在全国人大常委会会议期间,委员长会议除了审议外,[3]职权主要是程序性的。凭借这些程序性权力,委员长会议能够对全国人大常委会立法过程发挥实质性影响。对此,已经有学者做了详细的分析。[4]在此,特别值得注意的还有以下两个方面:

第一,法律赋予委员长会议一定的"程序优待"。[5]最典型的例子是,委员长会议提出的法律案无须接受审查即可直接列入会议议程。相比之下,国务院等国家机关和常委会组成人员提出的法律案则需要接受委员长会议的实质审查,审查通过才能列入会议议程。也就是说,委员长会议既是提案主体也是立法议程设置主体,它提出的法律案无须审查直接进入审议环节,而其他主体提出的法律案能否列入议程,则需要经过委员长会议的把关。此时,

---

〔1〕 不过,在刘松山看来,从制定到落实,立法规划"是一个行政活动的过程",导致相关主体之间的关系染上了领导与服从的行政色彩。参见刘松山:《中国立法问题研究》,知识产权出版社2016年版,第109页。

〔2〕 有学者从应然的规范层面分析了立法过程中委员长会议的职权,参见马岭:《中国〈立法法〉对委员长会议职权的规定》,载《学习与探索》2013年第8期。

〔3〕 立法背景资料显示,《全国人民代表大会常务委员会关于全面加强生态环境保护依法推动打好污染防治攻坚战的决议(草案)》经环境与资源保护委员会通过后,还提请委员长会议"审议"。参见高虎城:《关于〈全国人民代表大会常务委员会关于全面加强生态环境保护依法推动打好污染防治攻坚战的决议(草案)〉的说明》,载《全国人民代表大会常务委员会公报》2018年第4号。

〔4〕 参见马岭:《中国〈立法法〉对委员长会议职权的规定》,载《学习与探索》2013年第8期。

〔5〕 参见林彦:《法规审查制度运行的双重悖论》,载《中外法学》2018年第4期。

委员长会议的功能相当于常设的程序委员会。一般而言,国外立法机关的会议议程由专门的常设委员会负责安排,如日本国会设置的议院运营委员会。日本学者指出:"议院运营委员会作为议长的辅佐机构有权决定各委员会的委员人数、安排新议案在委员会的审议并制定审议议案的日程,它是国会运营中最重要的常设委员会。"〔1〕

根据权威解释,这样的制度设计是因为委员长会议负责拟订常委会会议议程草案,可以根据会议议程安排和审议事项的轻重缓急,决定将审议事项具体列入哪次会议议程。这有助于提高常委会的议事效率。〔2〕 因此,这种"程序优待"的效率取向非常明显。其现实后果是,如表3-3所示,委员长会议成为国务院和专门委员会之外位列第三的法律案提案主体,〔3〕而且实践中"几乎包揽了人大制度类法案的提出"〔4〕。举例而言,根据十三届全国人大常委会立法规划的安排,全国人大组织法修改的提请审议机关就是委员长会议。〔5〕 1986年企业破产法草案的审议过程便体现了委员长会议对全国人大常委会立法的节奏和进度的决定性作用。〔6〕

---

〔1〕 [日]岩井奉信:《立法过程》,李薇译,经济日报出版社1990年版,第99页。
〔2〕 参见全国人大常委会法制工作委员会国家法室编著:《中华人民共和国立法法释义》,法律出版社2015年版,第108页。
〔3〕 参见全国人大常委会法制工作委员会国家法室编著:《中华人民共和国立法法释义》,法律出版社2015年版,第108页。
〔4〕 谢勇、肖北庚、吴秋菊主编:《立法权配置与运行实证研究》,民主与建设出版社2018年版,第212页。
〔5〕 参见《十三届全国人大常委会立法规划(116件)》,载《中国人大》2018年第18期。
〔6〕 时任六届全国人大常委会委员长的彭真在委员长会议上提出,由于常委会内部意见分歧较大,草案很可能通不过,建议审议和表决都向后推迟。他的提议得到了委员长会议的同意。参见《彭真传》编写组编:《彭真年谱(1902—1997)》,中央文献出版社2012年版,第373页。

表 3-3　历届立法规划中立法项目提请审议主体提案数一览

单位:项

届次	国务院	委员长会议	专门委员会	最高人民法院	最高人民检察院	中央军委	国家监委
八届	67	24	18	4	4	10	
九届	44	13	24	1	1	3	
十届	39	15	15	1	1	2	
十一届	46	11	7	0	0	0	
十二届	41	5	13	0	0	0	
十三届	69	9	13	1	0	1	1
总计	306	77	90	7	6	16	1

资料来源:全国人大常委会法工委立法规划室编:《中华人民共和国立法统计:2013 年版》,中国民主法制出版社 2013 年版,第 227-242 页;《十二届全国人大常委会立法规划(共 68 件)》,载《中国人大》2013 年第 21 期;《十三届全国人大常委会立法规划(共 116 件)》,载《中国人大》2018 年第 18 期。

第二,立法过程中的重要分歧由委员长会议决断。最明显的表现是专门委员会之间存在分歧时有义务向委员长会议汇报并由其决定如何处理。[1] 如在民办教育法的立法过程当中,关于举办民办教育者是否可以取得"合理回报",当时的法律委员会和提案主体教科文卫委员会之间发生了激烈的争执,于是将争议问题向委员长会议做了专门的汇报。[2] 周伟也指出:"在专门委

---

〔1〕 参见全国人大常委会法制工作委员会国家法室编著:《中华人民共和国立法法释义》,法律出版社 2015 年版,第 126-127 页。

〔2〕 参见刘松山:《中国立法问题研究》,知识产权出版社 2016 年版,第 288 页。

员会审议法律草案中,对于一些重大原则问题,法律草案审议中有争议的、重大的问题,事实上主要不是在常务委员会中解决的,而是由中国共产党设立在常务委员会中的党组和委员长会议协商提出一个意向性的方案或建议,最后提交常务委员会审议予以确定的。"[1]也就是说,专门委员会审议法律案也是在委员长会议领导之下进行的。[2]而在域外,立法机关之中各专门委员会之间关系的协调则由专司内部管理的规则委员会或程序委员会负责。[3]

综上所述,通过正式和非正式的程序安排,委员长会议集提出法案、议程设置和法案审议三重功能于一身,对全国人大常委会的立法运作乃至法案的具体内容都发挥着举足轻重的影响。如果将从法案到法律的立法过程比作一场"障碍赛"的话,[4]那么委员长会议则是这场比赛中关键程序节点上的把关主体。

二、全国人大闭会期间的全国人大专门委员会

根据前文分析,由于制度设计上的双重领导体制,再加上全国人大会期短暂、行使职权的时间较为有限,专门委员会实际上更多地服务于全国人大常委会,将其定位为全国人大常委会的立法辅

---

[1] 九届全国人大法律委员会工作报告指出:"对于关系全局的重要法律和法律涉及的重大问题、重要分歧意见,及时向人大常委会党组、委员长会议进行请示或作出报告。"周伟:《各国立法机关委员会制度比较研究》,山东人民出版社2005年版,第246-247页。

[2] 十八届四中全会决定要求:"法律制定和修改的重大问题由全国人大常委会党组向党中央报告。"而全国人大常委会党组由委员长会议组成人员中的党员组成,这种一身兼二任的人员构成和党政合一的组织模式使委员长会议在党的领导下获得了领导立法过程的实质权威。这表明正式规范在实际运行中被非正式制度所改变甚至替代。

[3] 参见周伟:《各国立法机关委员会制度比较研究》,山东人民出版社2005年版,第8页。

[4] 这一思路借鉴自日本学者对日本国会立法过程的提炼。参见[日]岩井奉信:《立法过程》,李薇译,经济日报出版社1990年版,第159页。

助机构或许更为恰当。[1] 由于全国人大常委会的会期也并不长,常设的专门委员会的地位和作用显得更为重要。正如曾任全国人大常委会副秘书长的周成奎所言,由于常委会每两个月才开一次会,会期仅有七天左右,真正处理日常工作的是专门委员会。专门委员会由方方面面的专家构成,工作上更能发挥专业优势。[2]

(一)全国人大专门委员会的特点

分析专门委员会在全国人大常委会立法中的作用,综合内部和外部两个视角才能观察透彻。所谓内部视角指的是专门委员会本身的构成,而外部视角则是指各专门委员会之间的相互关系。二者共同决定着专门委员会立法职能的发挥。

第一,专门委员会根据专业化原则设置。专门委员会的专业性直观地体现在名称上,更为重要的是人员配置的专业性,因而也被称为"专家委员会"。[3] 专门委员会的组成人员要么是相关专业领域的专业人士,具备专业知识,要么是担任过相关领域领导职务的领导同志,具备丰富的实践经验。[4] 正如有论者所言:"通常情况下,这些专门委员会是由老资格的领导人或有影响力的前任省委书记来牵头。"[5] 因此,专门委员会的专业的构成,以及不同专门委员会之间的专业分工,使立法的质量与效率都能够得到较为充分的保障。

---

[1] 于文豪认为,在理论上专门委员会的双重领导制是分层次的,首先是全国人大的领导,其次才是全国人大常委会的领导,并且全国人大常委会对专门委员会的领导应当服从于全国人大的领导。参见于文豪:《宪法和法律委员会合宪性审查职责的展开》,载《中国法学》2018年第6期。

[2] 参见周成奎:《浮光集》,中国民主法制出版社2006年版,第203页。

[3] 参见刘松山:《中国立法问题研究》,知识产权出版社2016年版,第309页。

[4] 参见尹中卿等:《中国人大组织构成和工作制度》,中国民主法制出版社2010年版,第221页。

[5] 孙哲:《全国人大制度研究(1979—2000)》,法律出版社2004年版,第102页。

第二，专门委员会之间的"差序格局"。单从定位上来看，作为最高立法机关组成部分，各个专门委员会之间地位应当是平等的，即各个专门委员会都是服务于全国人大和全国人大常委会的职能机构。但从法定职权来看，全国人大各个专门委员会之间的地位并不平等，而是存在"差序格局"：相比于其他专门委员会，宪法和法律委员会明显处于优势地位。宪法和法律委员会的地位优势有着法律层面的正式规范依据，与1982年宪法同年通过的《全国人大组织法》规定，宪法和法律委员会的前身法律委员会负责统一审议法律案，而"其它专门委员会"只能向其提出审议意见。[1] 这一程序上的差别待遇，经《立法法》的进一步确认，在立法实践中不断得到强化。统一审议制度的存在意味着宪法和法律委员会有权对其他专门委员会的审议意见进行把关，采纳与否通常由其自主决定。例如，根据《立法法》第36条的规定，宪法和法律委员会应当根据常务委员会组成人员、有关的专门委员会的审议意见和各方面提出的意见，对法律案进行统一审议；统一审议过程中，宪法和法律委员会对有关的专门委员会的审议意见没有采纳的，应当向有关的专门委员会反馈。因此，宪法和法律委员会获得了高于其他专门委员会的优越地位。从立法实践来看，各专门委员会之间已经形成了相对固定的分工：宪法和法律委员会主要负责法律草案的统一审议，而其他专门委员会则以起草法案等为重点，审议只是辅助性的。[2]

宪法和法律委员会和其他专门委员会之间的制度性不平等是特殊时期形成的，有着一定的历史和现实合理性。历史地看，在专

---

[1] 有论者质疑这一制度区分的合宪性。参见周伟：《全国人大法律委员会统一审议法律草案立法程序之改革》，载《法律科学（西北政法学院学报）》2004年第5期。

[2] 刘松山认为，统一审议使得其他专门委员会在立法当中不具有独立影响。参见刘松山：《中国立法问题研究》，知识产权出版社2016年版，第300页。

门委员会初创阶段,由于专业立法人员稀缺,将他们集中到当时的法律委员会并辅之以高效的工作机构,[1]有助于实现集聚效应,加快立法工作效率。如果着眼于现实,为实现立法的专业化,其他专门委员会与国务院组成部门等有关国家机关密切联系,业务上存在日常对接。吴邦国曾说:"全国人大常委会和各专门委员会就要与国务院、最高人民法院、最高人民检察院等机关发生大量的日常联系。"[2]以九届全国人大教育科学文化卫生委员会为例,实践中由其"负责联系"也就是对接的国家机关有:教育部、科技部、文化部、新闻出版署、国家广播电视总局、原国家计划生育委员会、国家文物局、国家药品监督管理局、国家体育总局等。[3] 这虽然有助于专门委员会较为直接地获得相关的立法信息,但这种便利也使得它们与有关国家机关极易存在利益关联,成为助长"部门立法"的一大潜在因素。宪法和法律委员会在审议环节统一审议法律草案,赋予其把关权,其他专门委员会的意见必须经过其相对超然的专业审查,从而可以一定程度上避免不当部门利益经由其他专门委员会的中转进入正式法律文本。[4] 正是由于以上原因,这一遭到了立法机关内部和学界批评与质疑的制度设计一直延续至今,未有调整的迹象。[5] 宪法和法律委员会相比于其他专门委员会优位的制度设计,再加上法制工作委员会作为办事机构的辅助,

---

〔1〕 下文将详述,法制工作委员会是当时的法律委员会、现在的宪法和法律委员会的办事机构。

〔2〕《吴邦国论人大工作》(上),人民出版社 2017 年版,第 24 页。

〔3〕 参见尹中卿等:《中国人大组织构成和工作制度》,中国民主法制出版社 2010 年版,第 92-93 页。

〔4〕 参见赵一单:《全国人大专门委员会立法职能中的双重制约结构》,载《财经法学》2018 年第 2 期。

〔5〕 参见周伟:《立法机关委员会管辖比较》,载《人大研究》2003 年第 6 期;周伟:《全国人大法律委员会统一审议法律草案立法程序之改革》,载《法律科学(西北政法学院学报)》2004 年第 5 期。

使得它成为全国人大常委会立法过程中的综合部门和审议核心,立法职能和立法资源都向其倾斜。

宪法和法律委员会的优越地位不仅体现在法律赋予它的特殊职权,也体现在它的实际运作上。全国人大常委会实行的是间断会议制,而常设性的专门委员会并不受会期限制。尽管如此,专门委员会也不是无限期开会,一般一个月一次全体会议,持续时间并不长。但从实际运作表明,宪法和法律委员会的会议次数高居所有的专门委员会之首。例如,在九届全国人大五年任期内,法律委员会(现为宪法和法律委员会)共召开301次全体会议,远远高于其他专门委员会,后者中会议次数最少的仅有20余次。[1] 会议次数的频繁程度意味着履职时间的充裕程度,是衡量专门委员会效能的重要指标。这从侧面折射出宪法和法律委员会的实际地位高于其他专门委员会。加之法制工作委员会这一专业立法机构提供的专业辅助,[2] 因此可以说,宪法和法律委员会的法定职权和实际权威都优于其他专门委员会。

2012年,刘乐明对十一届全国人大各专门委员会审议议案数量进行了分析,结果表明:宪法和法律委员会人均审议议案数量最多;财政经济委员会等三个委员会人均审议议案数量居中;而环境与资源保护委员会等五个委员会人均审议议案的数量最少。[3]

综上所述,在全国人大常委会会期短且代表专职程度不高的

---

〔1〕 参见尹中卿等:《中国人大组织构成和工作制度》,中国民主法制出版社2010年版,第222页。

〔2〕 据曾长期在全国人大常委会法制工作委员会任职的陈斯喜披露的消息,截至2007年,法制工作委员会共有编制210人左右,工作人员170多人。相比之下,当时其他的专门委员会的办事人员总共只有200人左右。参见陈斯喜:《人民代表大会制度概论》,中国民主法制出版社2008年版,第74,77页。

〔3〕 参见刘乐明:《全国人大专门委员会委员结构及其问题研究——基于十一届全国人大专门委员会271名委员的统计分析》,载《人大研究》2012年第12期。

现有条件下,专门委员会从经常性和专业性两个方面做了有益补充。而且,在各个专门委员会专业分工的基础上有选择地将审议职能向宪法和法律委员会集中,形成以宪法和法律委员会为核心的、专业分工和集中审议并行的专门委员会体制,达到了整合立法资源的效果,对于提升全国人大常委会的立法效率成效显著。

(二)全国人大专门委员会与全国人大常委会委员长会议的关系

根据《全国人大组织法》的规定,指导和协调各专门委员会日常工作是委员长会议的职权之一。但是这一规定过于模糊。一方面,其他法律对二者关系更细致地规定强化了委员长会议对专门委员会的影响力。如上文所述,委员长会议对专门委员会在立法过程中出现的争议有最终决定权;再如,专门委员会作为法定的提案主体,其提出的法律案需要委员长会议通过。[1] 另一方面,全国人大常委会的内部规则也涉及了二者的关系,如委员长会议于1993年通过的《委员长会议议事规则》规定,各专门委员会主任列席委员长会议。[2] 此外,除了正式制度扩大了委员长会议对专门委员会的影响力外,实践中形成的"非正式制度"更有将专门委员会置于委员长会议领导之下的趋势。例如,作为委员长会议"首脑"的委员长听取各专门委员会的工作汇报,并对相关工作发表看法。[3] 这种听取工作汇报的方式显然具有科层制的行政意味。[4]

---

〔1〕 参见陈斯喜:《人民代表大会制度概论》,中国民主法制出版社2008年版,第210页。

〔2〕 参见刘政、于友民、程湘清主编:《人民代表大会工作全书(1949—1998)》,中国法制出版社1999年版,第402页。

〔3〕 参见李鹏:《立法与监督:李鹏人大日记》(上),新华出版社、中国民主法制出版社2006年版,第15-41页。

〔4〕 关于科层制的分析,参见[美]彼得·布劳、马歇尔·梅耶:《现代社会中的科层制》,马戎、时宪民、邱泽奇译,学林出版社2001年版,第17-27页。

再如,六至七届全国人大常委会期间的人事惯例是,副委员长兼任各专门委员会主任委员,而八届之后则改为副委员长分工联系一个或几个专门委员会。[1] 在周伟看来,立法实践中委员长和专职副委员长对各专门委员会的工作有着重要影响,他们对人大工作的看法和意见左右着专门委员会的工作开展。"这也是中国人民代表大会制度具有一定行政色彩的体现。"[2] 王理万对全国人大常委会外交职能内部分工的研究也发现,委员长会议与外事委员会之间的关系有科层化的趋势。[3]

三、全国人大常委会法制工作委员会

(一)全国人大常委会法制工作委员会的人员构成

法制工作委员会是内设于全国人大常委会的重要立法职能机构,其前身是全国人大常委会于1979年设立的全国人大常委会法制委员会,作为协助其开展立法工作的组织力量。[4] 实际上,我国法治建设的开端正是在全国人大常委会原法制委员会的高效工作下才得以顺利实现的,1979年五届全国人大二次会议通过的七部法律都是由它起草或修订的。[5] 正是出于对原法制委员会工作效能的认可,1982年通过的《全国人大组织法》规定,根据工作需

---

[1] 参见陈斯喜:《人民代表大会制度概论》,中国民主法制出版社2008年版,第65页。

[2] 周伟:《各国立法机关委员会制度比较研究》,山东人民出版社2005年版,第253—254页。

[3] 参见王理万:《中国外交分权体系下的议会外交》,载《世界经济与政治》2015年第11期。

[4] 时任主任的彭真在全国人大常委会法制委员会第一次会议上指出:"法制委员会协助全国人大常委会全面管立法工作。"《彭真传》编写组编:《彭真年谱(1902—1997)》(第5卷),中央文献出版社2012年版,第6页。

[5] 参见夏莉娜:《王汉斌回忆法制委员会与法工委建立的前后》,载《中国人大》2009年第3期。

要,全国人大常委会可以设立工作委员会。这在当时的语境下实际上就是指随后更名为法制工作委员会的法制委员会。据法制工作委员会第一任主任王汉斌的回忆,法制委员会调整为法制工作委员会,不只是名称的变化,而且涉及全国人大常委会立法体制的深层调整。[1] 具体而言,法制工作委员会自始就与当时刚刚设立的法律委员会密切关联,二者职能基本相同,制度设计者寄望于前者能够从专业性和稳定性两方面弥补后者的先天缺陷,因为后者主要由兼职代表构成,不仅专业化程度不足,而且当时难以持续运作。[2] 也就是说,法制工作委员会不仅和当时的法律委员会设立的初衷一致,而且其存在和运行的基础较为牢固,而全国人大常委会的专门委员会却难以经常性地开展立法工作。

实际上,"人的因素"是彭真等法制转型时期全国人大常委会领导重点思考的问题。当时的背景是,重建不久的全国人大常委会主要由从党政领导职位转任而来的领导干部组成,不仅年龄偏大、专业欠缺,而且思想观念、工作方法也与立法工作的要求不匹配。[3] 再加上人大代表实行任期制,流动性强,持续性、经常性的工作难免受影响。这就需要打造一支专业、高效、稳定的立法工作队伍,协助全国人大常委会高强度立法工作的开展。在六届全国人大常委会期间,委员长彭真主张,应在常委会组成人员外建立起符合"四化"的干部队伍,尤其是要通过干部年轻化来确保工作的

---

[1] 参见夏莉娜:《王汉斌回忆法制委员会与法工委建立的前后》,载《中国人大》2009年第3期。

[2] 参见夏莉娜:《王汉斌回忆法制委员会与法工委建立的前后》,载《中国人大》2009年第3期。

[3] 参见《彭真文选》,人民出版社1991年版,第560—570页;彭冲:《民主法制论集》,中国民主法制出版社1993年版,第11—12页。

连续性。[1] 具体负责干部队伍建设的彭冲副委员长则反复强调,区分代表与非代表,将后者打造成一支"专职常任制"的机关干部队伍。他说:"人大机关工作干部队伍要实行文官制。委员五年换一届,而干部队伍要稳定。人大需要建设一支坚强的、有专门知识的干部队伍。"[2] 其中,集中了立法工作者的法制工作委员会就成为了人大立法干部队伍建设的重点。[3] 实践证明,法制工作委员会不仅承担的立法工作越来越多,内部机构越来越健全,而且从事立法工作的人员也越来越多,培养出一大批"立法骨干",从实践中锻炼出来法学家,以及优秀的立法工作者。[4] 卢群星形容法制工作委员会组成人员为"隐性立法者",足见这支立法工作者队伍的影响力之大。[5]

不过,值得特别注意的是,法制工作委员会与专门委员会在人员构成上有一个重大差异,那就是除了同时任职于法制工作委员会及宪法和法律委员会的人员必须具备全国人大代表的身份外,其他工作人员都属于公务员身份。换言之,法制工作委员会的人员构成包含了两大类:一类是只具有公务员身份的工作人员,另一类是同时具备全国人大代表和立法工作者"双重身份"的领导人员。[6] 用曾任七届全国人大常委会副委员长的彭冲的话来说,后

---

[1] 参见《彭真文选》,人民出版社1991年版,第567-568页;《彭真传》编写组编:《彭真年谱(1902—1997)》(第5卷),中央文献社2012年版,第339、342页。

[2] 彭冲:《民主法制论集》,中国民主法制出版社1993年版,第85页。

[3] 参见夏莉娜:《王汉斌回忆法制委员会与法工委建立的前后》,载《中国人大》2009年第3期。

[4] 参见夏莉娜:《新时期的立法从这里起步——全国人大常委会法制工作委员会三十年剪影》,载《中国人大》2009年第1期。

[5] 参见卢群星:《隐性立法者:中国立法工作者的作用及其正当性难题》,载《浙江大学学报(人文社会科学版)》2013年第2期。

[6] 参见卢群星:《隐性立法者:中国立法工作者的作用及其正当性难题》,载《浙江大学学报(人文社会科学版)》2013年第2期。

者是流动性强的"政务类公务员",而前者则被视为具有稳定性和连续性的"业务类公务员",[1]而且事实上也被纳入了公务员序列,适用《公务员法》的相关规定。[2] 为此,全国人大常委会还设立了专门的人事管理机构,即隶属于办公厅的人事局,建立起专门的规章制度来管理具有公务员身份的人大机关工作人员。[3]

(二)全国人大常委会法制工作委员会的立法职能

在全国人大常委会立法过程中,法制工作委员会无论在正式规范层面还是实际运作上都发挥着重要作用,远非"工作机构"这一名称可以涵盖。经过几十年的发展,法制工作委员会已经演变为全国人大常委会中兼具专业性和经常性的职能机构,其职能也逐步从隐性的现实上升为正式的规范,呈现出正式职能与非正式职能并存的制度面貌。[4] 这一点在法制工作委员会立法解释职能方面表现最为突出:一方面,尽管质疑之声不断,法制工作委员会以答复法律询问的方式正式地从事立法解释工作并取得了一定

---

[1] 参见彭冲:《民主法制论集》,中国民主法制出版社1993年版,第11—12页。

[2] 需要注意的是,专门委员会内的专职委员也被纳入了公务员序列。实际上,早在1993年《国家公务员暂行条例》出台后,中共中央就决定全国人大常委会机关人员的管理参照该条例执行。参见《中共中央办公厅关于印发〈全国人民代表大会常务委员会机关参照试行《国家公务员暂行条例》实施方案〉的通知》,载刘政、于有民、程湘清主编:《人民代表大会工作全书(1949—1998)》,中国民主法制出版社1999年版,第956页。

[3] 六届全国人大常委会副委员长彭冲在一份报告中指出:"全国人大机关的干部应由全国人大自己管理,要成立人事局,建立一套干部管理制度。今后进入人大机关的工作人员,必须经过考察,办理正常的组织手续,量才使用,根据工作实绩择优晋升。机关工作人员将分为政务、技术、服务、工勤等四类,分类管理,奖罚分明。要对机关工作人员进行业务培训,不断提高干部的政治、业务素质。立法是全国人大及其常委会的重要任务。要结合机关工作的需要,把学习法律作为一项重要的工作任务,同时,也要重视对理论、政策的学习。""经委员长会议批准的对机关干部实行职务职称系列的决定,今年内各部门都要实行。"彭冲:《民主法制论集》,中国民主法制出版社1993年版,第32页。

[4] 周雪光研究指出,在我国国家治理中,正式制度和非正式制度"融合并存、互为依赖"是一大显著特征。非正式制度不仅数量众多而且地位重要,起着不可忽视的功能。参见周雪光:《从"黄宗羲定律"到帝国的逻辑:中国国家治理逻辑的历史线索》,载《开放时代》2014年第4期。

的实效;[1]另一方面,通过编写出版的一系列法律释义书,法制工作委员会以"隐性的方式"进行非正式立法解释,影响实务界和学界对法律的理解和适用。[2] 由此可见,法制工作委员会的立法解释职能具有正式和非正式两副面孔。此外,法制工作委员会的非正式职能还可能经由立法的确认上升为正式制度,其在立法规划制定和实施中的作用正式化就是一个典型的例子。[3] 更值得关注的新动态是,近年来法制工作委员会还通过制定"立法工作规范"的方式,"补充、改进和完善"现有的立法机制。[4]

法制工作委员会的定位、职能等问题已经引起了学界的广泛关注和不断讨论。卢群星指出,法制工作委员会的作用涵盖了从前立法阶段到立法准备阶段,再到正式立法程序阶段和后立法阶段的立法全过程,并称法制工作委员会为"小常委会"。[5] 褚宸舸也分析了法制工作委员会的权力扩张,并从合宪性角度提出质疑。[6] 王理万则认为法制工作委员会是重要的立法官僚机构,其实际影响力导致立法存在民主正当性危机。[7] 目前看来,法制工作委员会的权力扩张有着深厚的制度基础,如代表的兼职性、立法

---

〔1〕 参见林彦:《法律询问答复制度的去留》,载《华东政法大学学报》2015年第1期。

〔2〕 参见刘怡达:《隐性立法解释:"法律释义"的功能及其正当性难题》,载《政治与法律》2017年第8期。

〔3〕 有学者指出,法制工作委员会的编制立法规划、立法前评估和立法后评估等职能长期存在,并经由立法法的确认实现了法定化。参见褚宸舸:《全国人大常委会法工委职能之商榷》,载《中国法律评论》2017年第1期。

〔4〕 详见朱宁宁:《立法工作最新规范发布:涉重大利益调整将论证咨询争议较大将引入第三方评估》,载《中国人大》2018年第3期。

〔5〕 参见卢群星:《隐性立法者:中国立法工作者的作用及其正当性难题》,载《浙江大学学报(人文社会科学版)》2013年第2期。

〔6〕 参见褚宸舸:《全国人大常委会法工委职能之商榷》,载《中国法律评论》2017年第1期。

〔7〕 参见王理万:《立法官僚化:理解中国立法过程的新视角》,载《中国法律评论》2016年第2期。

的专业化需求等,其作用不仅短期内不可替代,而且发展轨迹呈现出较为明显的路径依赖。可以预见的是,相应的改革不仅非一朝一夕可以奏效,而且离不开立法机制的系统性调整。

(三)全国人大常委会法制工作委员会与全国人大常委会委员长会议的关系

除了协助全国人大常委会开展立法工作外,法制工作委员会还服务于委员长会议这一全国人大常委会的领导机构。例如,五年立法规划和年度立法计划须由委员长会议通过并公布,但它的具体编制工作则属于法制工作委员会的职能范围。[1] 也就是说,作为宏观立法议程的立法规划是在委员长会议领导下,由法制工作委员会具体负责的,二者形成了领导与被领导的上下级关系。[2] 再如,法制工作委员会实践中还可能接受委员长会议的委托起草法律草案。换言之,委员长会议立法提案权的实现离不开法制工作委员会的协助。[3] 相应地,"其工作主要是对委员长会议负责的。"[4] 再加上包括宪法和法律委员会在内的专门委员会实质上也是在委员长会议的领导下开展立法工作,委员长会议从法定的程序性机构发展为事实上的领导机构也就不难理解了。这种立法机制的实际状态,一方面揭示了委员长会议权力扩张的现实基础,[5] 另一方面也从侧面补充了"官僚立法"只注重立法官僚

---

[1] 参见全国人大常委会法制工作委员会国家法室编著:《中华人民共和国立法法释义》,法律出版社 2015 年版,第 167 页。

[2] 参见《全国人大常委会法工委副主任许安标就十三届全国人大常委会立法规划答记者问》,载《中国人大》2018 年第 18 期。

[3] 参见全国人大常委会法制工作委员会国家法室编著:《中华人民共和国立法法释义》,法律出版社 2015 年版,第 170 页。

[4] 周伟:《各国立法机关委员会制度比较研究》,山东人民出版社 2005 年版,第 174 页。

[5] 这足以表明,仅从规范角度分析委员长会议权力扩张的偏颇。

机构的分化而忽视它们之间合作关系的视野局限。[1] 总而言之，全国人大常委会的三个立法职能机构——委员长会议、以宪法和法律委员会为核心的专门委员会、法制工作委员会，相互配合，紧密协作，构成了影响全国人大常委会立法进程的最重要的组织力量。

（四）全国人大常委会法制工作委员会与全国人大宪法和法律委员会的关系

在立法实践中，法制工作委员会、宪法和法律委员会分工协作、紧密配合。

首先，在人事方面，两个机构尽管在人员构成上不同，[2]但领导人员往往交叉任职，法制工作委员会的领导人员同时也担任宪法和法律委员会的领导。九届全国人大常委会委员长李鹏曾指出：宪法和法律委员会与法制工作委员会尽管不同，前者是全国人大的专门委员会，而后者是全国人大常委会的工作机构，但二者组织上联系紧密。他说："法工委集中了许多法学专家和法律工作者，是人大人才荟萃之所。为了工作方便起见，往往由法律委一名副主任委员兼任法工委主任。"[3]历史上也曾出现过宪法和法律委员会的主任委员同时担任法制工作委员会主任的情况。如1988年至1993年七届全国人大期间，王汉斌就同时担任这两个机构的一把手。此外，晋升为宪法和法律委员会主任委员往往是法制工

---

[1] 对立法官僚化的详细分析，参见王理万：《立法官僚化：理解中国立法过程的新视角》，载《中国法律评论》2016年第2期。

[2] 与专门委员会由全国人大代表选任不同，法制工作委员会的工作人员除个别领导担任宪法和法律委员会副主任因而具有全国人大代表身份之外，都属于公务员序列，依照公务员的人事制度进行管理。参见赵谦：《内部治理与履职激励、监察：人大常委会委员任职的规范"三题"》，载《政治与法律》2017年第12期。

[3] 李鹏：《立法与监督：李鹏人大日记》（上），新华出版社、中国民主法制出版社2006年版，第18页。

作委员会领导层的职业上升通道,已形成了较为固定的人事安排传统。如表3-4所显示的,自十届以来,宪法和法律委员会主任委员在任前都担任过法制工作委员会的主任或副主任。领导层的交叉任职和相互交流,将法制工作委员会、宪法和法律委员会紧密地联结在一起,在某种程度上形成了我国的"职业立法官僚共同体"。[1]

表3-4 全国人大宪法和法律委员会主任委员任职经历

届次	姓名	法制工作委员会任职经历
十四届	信春鹰	2004年3月至2015年7月,担任法制工作委员会副主任
十三届	李飞	2003年3月至2013年3月,担任法制工作委员会副主任
十二届	乔晓阳	1992年2月至2003年3月,担任法制工作委员会副主任
十一届	胡康生	2003年3月至2008年2月,担任法制工作委员会主任
十届	杨景宇	1985年3月至1991年9月,担任法制工作委员会副主任
九届	王维澄	无
八届	薛驹	无
七届	王汉斌	1983年9月至1993年7月,担任法制工作委员会主任

其次,在机构方面,法制工作委员会及宪法和法律委员会共用

---

[1] 参见王理万:《立法官僚化:理解中国立法过程的新视角》,载《中国法律评论》2016年第2期。

办事机构。[1] 有的地方人大甚至直接采用二者"合署办公"的组织形式。[2] 此外,实践中,每次全国人大常委会会议结束后,法制工作委员会及宪法和法律委员会的领导层还会召开"两委主任办公会",研究部署、分工安排立法工作。[3] 据十二届全国人大原法律委员会 2015 年工作总结披露的消息,党中央确定的立法项目经全国人大常委会会议初次审议后,"法律委、法工委立即召开两委主任会议,作出工作部署,明确工作思路,提出调研重点,确定时间进度,组织力量抓紧做好调研论证、沟通协调等工作,及时提出修改方案。"[4] 可见,两个机构之间的组织关系也十分紧密。

最后,在职能方面,在起草、审议等环节,法制工作委员会、宪法和法律委员会相互配合,共同承担立法任务。这一点既体现在法律文本上,如 2023 年修改后的《立法法》第 42 条规定的立法前评估就由二者配合完成,更直观地展现在立法过程之中,如《土地承包法》修改的大量具体工作都由二者承担。[5] 相较之下,宪法和法律委员会之外的其他专门委员会与法制工作委员会之间的关

---

[1]《全国人民代表大会法律委员会工作规则》规定,"全国人大常委会法制工作委员会的办事机构同时也是法律委员会的办事机构"。参见刘政、于友民、程湘清主编:《人民代表大会工作全书(1954—1998)》,中国民主法制出版社 1999 年版,第 389 页。另外,全国人大常委会内部研究人员甚至认为,法制工作委员会和法律委员会在某种程度上是"两个单位一块牌子"。参见尹中卿等:《中国人大组织构成和工作制度》,中国民主法制出版社 2010 年版,第 127 页。

[2] 参见卢群星:《隐性立法者:中国立法工作者的作用及其正当性难题》,载《浙江大学学报(人文社会科学版)》2013 年第 2 期。

[3] 参见杨景宇:《法治实践中的思考》,中国法制出版社 2008 年版,第 121 页。

[4] 窦树华、郭振华主编:《全国人民代表大会年鉴》(2015 年卷),中国民主法制出版社 2016 年版,第 1157 页。

[5] 参见胡可明:《全国人民的代表大会宪法和法律委员会关于〈中华人民共和国农村土地承包法修正案(草案)〉修改情况的汇报》,载《全国人民代表大会常务委员会公报》2019 年第 1 号。

联就要松散得多,很难获得后者提供的专业支持。[1] 一直以来,这都是立法机关内部争论的话题,[2] 来自学界的批评之声也不绝于耳。[3]

第三节　全国人大常委会立法职能机构的比较优势

比较全国人大和全国人大常委会各自的立法职能机构可以发现,全国人大常委会的立法职能机构主要由专业人员构成,可以常态化履行立法职责,较之于全国人大具有明显的专业优势。更为重要的是,全国人大常委会内部不同的立法职能机构之间也已经形成紧密联系,磨合出一套高效有序的运行机制,因而拥有极大的效率优势。

一、全国人大常委会立法职能机构的专业优势

常设与否是影响立法职能机构专业化程度的关键因素。由于会期短暂,全国人大的立法职能机构基本都是临时性的,主席团和代表团仅存在于全国人大开会期间,闭会后即解散。全国人大专门委员会尽管是常设的,但除全国人大开会期间外,主要接受全国

---

[1] 在预算监督领域,全国人大财经委员会与全国人大常委会预算工作委员会存在类似于全国人大法律委员会和全国人大常委会法制工作委员会类似的关系。参见邢斌文:《全国人大财政经济委员会预算监督功能的实证考察》,载《财经法学》2019年第5期。

[2] 参见王汉斌:《社会主义民主法制文集》(上),中国民主法制出版社2012年版,第303—305页。

[3] 有学者指出:"事实上法制工作委员会基本成了法律委员会的专属机构,而其他专门委员会在法律审议工作中难以享受到法制工作委员会密切、便捷的协助,这使其他专门委员会在立法中本应发挥的作用大打折扣。"褚宸舸:《全国人大常委会法工委职能之商榷》,载《中国法律评论》2017年第1期。

人大常委会领导,因此主要服务于全国人大常委会立法。相比之下,全国人大常委会内设的委员长会议和法制工作委员会都是常设机构,不管会期之内还是会期之外,都能够通过开会履行相应职责。高频次的开会使得它们持续开展立法工作成为可能,进而能够为全国人大常委会行使立法权提供有力支持。受非常设的限制,全国人大审议法律案过程中如果出现较大分歧,缺乏时间充分审议,只能根据《立法法》第 26 条的规定,经主席团提出并由全体会议决定,授权全国人大常委会进一步审议。[1]

作为常设机关,专业化是全国人大常委会长期以来的发展方向。全国人大常委会首先通过人员的专职化来提升自身的专业化。一是组成人员的专职化。1982 年宪法开启了全国人大常委会组成人员的专职化进程,其第 65 条第 4 款明确规定,全国人大常委会组成人员不得兼任国家行政机关、审判机关和检察机关的职务。[2] 2018 年宪法修正案还增加规定,禁止全国人大常委会组成人员兼任监察机关的职务。二是工作人员的专职化。如前所述,法制工作委员会汇聚了一支专业且稳定的立法工作者队伍,能够不受人大任期变动的影响而持续性地开展工作。正如九届全国人大常委会委员长李鹏所言,"人大换届,人大工作机构'不换届'。人大工作人员是国家的公职人员,比照公务员制度进行管理。人大工作机构及其工作人员要保持工作的连续性和稳定性"[3]。

与此同时,机构的专业化也是全国人大常委会提升立法专业化的着力点。一方面,全国人大常委会行使立法权得到了不同类

---

[1] 参见冯玉军主编:《新〈立法法〉条文精解与适用指引》,法律出版社 2024 年版,第 80 页。

[2] 全国人大常委会组成人员可以同时担任军事机关的职务,因而专职化只是部分的。参见肖蔚云:《我国现行宪法的诞生》,北京大学出版社 2024 年版,第 185 页。

[3] 《李鹏文集》(下),人民出版社 2024 年版,第 327 页。

型职能机构的辅助,既有由代表组成的专门委员会,也有由专业工作人员组成的法制工作委员会等工作委员会。在卢群星看来,"我国人大常委会法制工作委员会是立法工作者组织化的典型"[1]。另一方面,主要在全国人大常委会领导下开展工作的专门委员会,按照不同的专业领域进行设置,不仅不同的专门委员会之间实现了专业上的分工,而且在立法实践中形成了有效的协作机制。

二、全国人大常委会立法职能机构的效率优势

除了专业上的优势外,全国人大常委会立法职能机构组织结构与运行方式都具有较强的行政色彩,使其在效率层面也具有显著优势。在全国人大会议期间,全国人大的立法职能机构只在短暂的会议期间完成有限的立法任务,因而主席团、代表团与专门委员会之间的关系较为松散。相比之下,经过多年来的发展和磨合,全国人大常委会的立法职能机构之间已经形成紧密的整体,不管在全国人大常委会会议期间还是在会议之外,都能分工配合,高效运转。一言以蔽之,全国人大常委会在"科层制逻辑"主导下,已经发展为"有效率的组织"。[2]

八届全国人大常委会委员长的乔石曾指出:"人大机关是一个统一的整体,各部门、各单位要相互支持,密切配合。根据宪法规定,委员长会议负责处理常委会的重要日常工作。要通盘考虑,统筹安排,加强对机关各部门的集中统一领导。常委会秘书处在委员长领导下工作,是常委会的日常办事机构。要经常了解情况,研究问题,提出解决问题的方案;协调好各专门委员会、办公厅、法制

---

[1] 卢群星:《隐性立法者:中国立法工作者的作用及其正当性难题》,载《浙江大学学报(人文社会科学版)》2013年第2期。

[2] 参见张紧跟:《科层制还是民主制?——改革年代全国人大制度化的内在逻辑》,载《复旦学报(社会科学版)》2013年第5期。

工作委员会的工作。"[1]

不仅是八届全国人大常委会,历届全国人大常委会在成立之初都会召开机关干部大会,着重强调全国人大常委会各职能机构是统一的整体。在九届全国人大常委会成立之初,时任委员长李鹏强调:"全国人大机关是统一的整体,对每一个部门、每一个岗位都有一定的要求,不管哪一个环节出了问题,工作都会受到损失。因此,无论是全国人大常委会办公厅、法工委,还是各专门委员会的办事机构,都要明确规范各自的职能,健全和完善各项规章制度,使工作有章可循,有序进行。各单位、各部门要相互支持,团结协作,密切配合,形成合力。"[2]十届全国人大常委会成立后,吴邦国委员长在机关干部大会上也提出了类似的要求。他说:"人大机关除了办公厅以外,还有法制工作委员会、预算工作委员会、香港基本法委员会、澳门基本法委员会,以及各专门委员会的办事机构,虽然大家工作上分工不同,但都是为全国人大及其常委会依法履行职责服务的。我们做任何一项工作,不是靠一个或几个单位可以完成的,而是要靠整个机关的大力协同。因此,机关的工作既要有明确的分工,并建立严格的责任制,又要有协同和合作。要强调机关是统一的整体,做到协调一致地工作。"可见,包括立法职能机构在内的全国人大常委会各职能机构之间,既有分工,又要合作,协力履行职责。

实际上,在"统一的整体"观念的引领下,正如蔡定剑所言,"现在人大常委会工作机构的工作方式基本上是一种行政化的组织和工作方式"[3]。在静态的组织结构层面,与理想中常委会"一人一

---

[1] 乔石:《乔石谈民主与法制》(下),人民出版社2012年版,第343页。
[2] 《李鹏文集》(下卷),人民出版社2024年版,第333-334页。
[3] 蔡定剑:《论人民代表大会制度的改革和完善》,载《政法论坛》2004年第6期。

票"的"扁平式结构"不同,全国人大常委会内部确立起"委员长会议—宪法和法律委员会以及法制工作委员会—其他专门委员会"的层级分明的"金字塔形"结构,与行政机关的科层制组织形式类似。[1]

首先,从乔石的上述讲话可以看出,包括专门委员会、法制工作委员会在内的全国人大机关实际上是在委员长会议的集中统一领导下工作和运转的。例如,《全国人民代表大会法律委员会工作规则》和《全国人民代表大会环境与资源保护委员会工作规则》都明确规定,落实委员长会议交办事项是二者的"工作任务"之一。[2] 再如,根据《全国人大常委会议事规则》第12条的规定,委员长会议可以委托常委会工作委员会起草包括法律案在内的议案草案。从立法实践来看,在专门委员会、法制工作委员会等立法职能机构的有力协助下,委员长会议提出法律案的数量仅次于国务院和专门委员会,稳居法定提案主体中的第三位。[3]

其次,在委员长会议领导下,宪法和法律委员会以及法制工作委员会也形成了紧密合作的关系。曾任十届全国人大法律委员会主任委员的杨景宇指出:"法律委员会是全国人大的一个专门委员会,法工委是全国人大常委会的法制工作机构,'两委'的共同任务是做好立法工作,关系十分密切,但二者的性质和职能又有所区别。在立法工作中,法律委员会要和法工委密切配合。"正如上文已经分析的,二者在人员构成、办事机构、具体职能等方面可谓"水

---

[1] 参见魏姝:《从组织渗透到多元化策略:执政党对人大的领导与控制方法研究》,载《江苏行政学院学报》2015年第4期。

[2] 参见刘政、于友民、程湘清主编:《人民代表大会工作全书(1954—1998)》,中国民主法制出版社1999年版,第388、399页。

[3] 参见全国人大常委会法制工作委员会国家法室编著:《中华人民共和国立法法释义》,法律出版社2015年版,第108页。

乳交融"。在褚宸舸看来,原本应当服务于所有专门委员会的法制工作委员会,"事实上法制工作委员会基本成了法律委员会的专属机构"[1]。因此,有人大工作者将二者的配合关系形象地称为"委员会动嘴,工作机构动手"[2]。

最后,其他专门委员会既要接受委员长会议的领导,在立法工作中也一定程度上受制于宪法和法律委员会。这主要是因为宪法和法律委员会掌握了统一审议法律案的权力。如前所述,在审议法律草案的过程中,其他专门委员会只是辅助性的,其审议意见能否产生影响,取决于宪法和法律委员会统一审议时是否采纳。

对于宪法和法律委员会以及法制工作委员会和其他专门委员会的关系,九届全国人大常委会委员长李鹏曾有如下论述:"改进和加强专门委员会的工作,还有一个很重要的问题,就是要处理好各专门委员会之间的关系,特别是法律委员会与其他专门委员会的关系。法律规定,法律委员会统一审议向全国人大或它的常委会提出的法律草案;其他专门委员会就有关法律草案向法律委员会提出意见,并将意见印发会议。从程序上作出这样的规定是必要的。因为需要一个立法综合部门对法律草案进行统一审议,使制定的法律与宪法保持一致,与有关法律相衔接,以保持法制的统一。法律委员会实际上就是这样一个立法综合部门。法制工作委员会是全国人大常委会的工作机构,它的办事机构同时也是法律委员会的办事机构。在统一审议法律案的过程中,法律委员会是同法工委共同进行工作的。法律委员会和法工委要同其他专门委员会密切配合,对法律议案中的一些重大问题,主动与有关专门委

---

[1] 褚宸舸:《全国人大常委会法工委职能之商榷》,载《中国法律评论》2017年第1期。

[2] 谢勇、肖北庚、吴秋菊主编:《立法权配置与运行实证研究》,民主与建设出版社2018年版,第131页。

员会联系,联合进行调查研究,共同协商解决。法律委员会提出的审议结果的报告,要全面、准确地反映各方面的意见,特别要充分反映有关专门委员会的意见。要建立协调和反馈制度,对法律案进行统一审议和修改时,无论是文字的修改,还是内容的修改,都应反馈给有关专门委员会,征求有关专门委员会的意见。同时,其他专门委员会都要配合和支持法律委员会和法工委的工作。有关专门委员会向法律委员会提交法律草案后,还应继续对法律草案审议中提出的意见进行研究,提出意见和建议。总之,全国人大机关是一个有机的整体,相互间是分工合作的关系,目标是一致的。各专门委员会、办公厅、法工委都要在全国人大常委会领导下,各司其职,各负其责,协调一致,共同做好立法、监督等工作,在推进依法治国、建设社会主义法治国家进程中发挥积极的作用。"[1]

至于动态的组织运作,全国人大常委会的实际立法运行形成了与上述层级化的组织结构相适应的层层节制的纵向权力关系。一方面,委员长会议作为全国人大常委会处理日常重要工作的领导机构,领导专门委员会、法制工作委员会等的具体工作;另一方面,立法中遇到重大问题,或者在立法程序的关键节点,专门委员会、法制工作委员会等则需要向委员长会议请示汇报。纵向的请示与汇报,则属于典型的科层组织运行模式。[2] 再如,根据《立法法》第 32 条、第 44 条的规定,全国人大常委会审议法律案一般要经过三次审议,在第三次审议时,由宪法和法律委员会根据各方意

---

〔1〕 《李鹏文集》(下卷),人民出版社 2024 年版,第 351-352 页。
〔2〕 这种科层制运行模式本该限于行政机关,但实际上也是我国人大和法院的日常运行模式,导致立法机关和司法机关都存在行政化。参见沈寿文:《中国立法机关与司法机关之法治化方向——立法机关与司法机关之"去行政化"》,载《云南大学学报(法学版)》2012 年第 6 期。

见统一审议后提出法律草案表决稿。但宪法和法律委员会并不能直接将法律草案表决稿提交全国人大常委会表决,而是需要向委员长会议汇报,由其审议后再决定是否交付全国人大常委会全体会议表决。[1]这就意味着法律草案能否进入表决环节,由委员长会议决定。总而言之,学界广泛讨论的"人大行政化"[2],除了代表构成的行政化,[3]还包含组织结构和运行方式两个方面的行政化,而组织结构的行政化实际上是运行方式行政化的深层原因,并为后者提供了坚实的组织基础。[4]

结　语

2023年3月,十三届全国人大完成了自己的五年任期。在立法方面,全国人大通过了宪法修正案,制定和修改法律6件,作出

---

〔1〕 "1998年12月15日,在常委会委员长会议上,李鹏提出,今后在每次常委会会议表决议案前,增加召开一次委员长会议,听取审议和修改议案情况的汇报,据此决定哪些议案交付常委会表决。我一直认为,在常委会立法中增加这样一道程序非常必要,它是由委员长会议对议案的修改情况作最后一次确认,然后决定将议案交付表决或暂不付表决。这就避免了在立法的最后阶段,法律委员会提出的法律草案表决稿直接提交常委会表决的情况。"阚珂:《人民代表大会说不尽的那些事》,中国民主法制出版社2023年版,第172页。

〔2〕 潘国红:《人大行政化:表现·影响·矫治》,载《中共云南省委党校学报》2017年第1期。

〔3〕 所谓人大构成的行政化,指的是代表或委员被纳入行政官员的官僚体制之中,彼此之间存在事实上的"行政等级关系"。参见沈寿文:《中国立法机关与司法机关之法治化方向——立法机关与司法机关之"去行政化"》,载《云南大学学报(法学版)》2012年第6期。

〔4〕 值得一提的是,我国人大的行政化还体现在上下级人大之间的等级关系。赵晓力在分析著名的李慧娟案时指出了这一点。参见赵晓力:《司法过程与民主过程》,载《法学研究》2004年第4期。

有关法律问题和重大问题的决定9件;[1]全国人大常委会则交出了如下成绩单:"制定法律47件,修改法律111件次,作出法律解释、有关法律问题和重大问题的决定决议53件,已经审议尚未通过的法律案、决定案19件……"[2]全国人大常委会为何能够完成数量众多的立法以及二者立法表现的巨大差异,从会期、代表等视角出发只能得到部分解释。而在本书看来,组织制度的发展水平以及组织化程度的高低是影响全国人大和全国人大常委会立法表现的关键。1982年宪法实施至今,全国人大主席团和代表团的构成与运行基本保持稳定,而常设的专门委员会尽管有所发展,却主要服务于全国人大常委会立法。相比之下,全国人大常委会的组织建设取得了长足的进步,不仅机构与人员的专业化水平不断提高,而且委员长会议、专门委员会、法制工作委员会等职能机构在实践中磨合出了一套科层化的组织结构和成熟的运作机制,使得高效立法成为可能。

  需要强调的是,全国人大常委会组织制度的发展成熟除了能够提升自身的立法能力,对于全国人大立法也有所助益。这一点只需要观察近年来全国人大制定或修改法律的具体过程即可以发现。例如,2024年3月11日,十四届全国人大二次会议修改了《国务院组织法》这一基本法律。首先,《十四届全国人大常委会立法规划》将国务院组织法修改的"提请审议机关"确定为委员长会议;其次,法制工作委员会是参与草案的起草单位之一;再次,全国人大常委会两次先行审议了草案,也就意味着宪法和法律委员会、法制工作委员会对草案进行了两次统一审议并作了修改,而且在统

---

  [1] 参见全国人大常委会法制工作委员会立法规划室编:《中华人民共和国立法法统计——2023年版》,中国民主法制出版社2024年版,第288页。
  [2] 栗战书:《全国人民代表大会常务委员会工作报告》,载《全国人民代表大会常务委员会公报》2023年第3号。

一审议过程中,宪法和法律委员会、法制工作委员会还通过座谈会等方式就草案的修改广泛征求了意见;最后,全国人大常委会作为提案主体,将修改国务院组织法的法律案提请全国人大审议。[1]以上立法过程表明,从起草到审议再到提案,全国人大行使立法权离不开全国人大常委会的支持与协助,而全国人大常委会相关立法职能机构深度参与了全国人大立法的全过程。因此,在全国人大立法能力面临诸多限制难以提高的现有条件下,全国人大常委会自身建设的加强对于全国人大行使立法权制定或修改法律具有积极作用,进而有助于提高全国人大及其常委会作为最高立法机关的整体效能。

---

〔1〕 参见李鸿忠:《关于〈中华人民共和国国务院组织法(修订草案)〉的说明》,载《全国人民代表大会常务委员会公报》2024年第2号。

第四章　我国国家立法权配置的运作实践

导　论

　　1982年宪法在配置国家立法权之时，主要集中于全国人大和全国人大常委会的立法权限分工，即围绕基本法律和非基本法律的制度框架进行立法权配置，对于二者立法程序的设计则并不完备，仅仅明确规定了全国人大通过法律的程序规则及全国人大代表和全国人大常委会组成人员有权提出法律案两项立法程序。换言之，现行宪法并未从宪法层面为全国人大和全国人大常委会的立法权配置独立且完备的立法程序，甚至连全国人大常委会通过法律的程序规则都付之阙如;相反的是,现行宪法以"宪法委托"[1]的方式,由第78条委托国家立法机关制定有关"组织"和"工作程序"的法律。[2] 也就是说,二者的立法程序属于法律调整的范畴,现行宪法赋予国家立法机关具体化宪法规定的权力与职责。1982年宪法与现行宪法同年通过的《全国人大组织法》规定了全国人大、全国人大常委会的组织架构和运行程序等事项,初步为二者行使立法权构建起了程序框架。值得注意的是,在当时,全国人大和全国人大常委会的立法程序是各自独立的。

随着立法实践的发展,2000年制定的《立法法》从立法权限分配和立法程序设计等方面进一步发展了我国的国家立法制度。就立法程序而言,它以设置专节的方式,较为详尽地分别规定了全国人大、全国人大常委会的立法程序。不过,此时立法程序上的一个关键安排是,2000年《立法法》在全国人大的立法程序中增加了全国人大常委会的审议环节,专门设计了全国人大常委会有权先行审议向全国人大提出的法律案制度(为行文方便,以下视语境不同简称先行审议制度或先行审议)。[3] 所谓先行审议制度是指,在全国人大闭会期间,特定提案主体将原本应当向全国人大提出的法律案提交给全国人大常委会审议,全国人大常委会先行审议之后,或者决定将该法律案向全国人大提出以进行正式审议,或者决

---

〔1〕 宪法中"由法律规定"等表述方式属于典型的"宪法委托",制宪者委托立法就相关事项制定法律以对宪法的相关规定具体化,使之具备可操作性。详细分析,参见李样举、韩大元:《论宪法之下国家立法具体化功能的实现》,载《厦门大学学报(哲学社会科学版)》2013年第3期。

〔2〕 曾参与宪法修改的肖蔚云指出:"这一条是新增加的,讲全国人大及其常委会的组织和工作程序由法律规定。因为宪法是根本法,这些问题不宜都在宪法中规定,而应由其他法律,即全国人民代表大会组织法加以规定。"肖蔚云:《我国现行宪法的诞生》,北京大学出版社2024年版,第202页。

〔3〕《立法法》(2000年)第14条、《立法法》(2015年)第16条、《立法法》(2023年)第19条。

定自行表决通过的制度设计。[1] 这意味着,原本各自独立的全国人大和全国人大常委会立法程序由于先行审议制度而出现交叉,由此,全国人大常委会对全国人大立法的影响从原来的准备环节,如召集全国人大会议,以及提案环节,即向全国人大提出法律案,进一步拓展到了核心的审议环节。[2] 这实际上是在全国人大和全国人大常委会立法权限分工之外,进一步形成了新的立法程序分工。那么,先行审议制度是如何形成的,哪些因素影响了它的形成?[3] 该制度在实践中是如何运作的?先行审议制度的功能是什么?对我国国家立法权配置又有何影响?上述问题是促成本章的最初动因,也构成了本部分的中心议题。

第一节 全国人大常委会先行审议全国人大法律案制度的历史沿革

先行审议制度应实践需要而产生,并经历了"在有效性中累积合法性"的发展路径。[4] 最初,它是全国人大常委会的"自我创设",长期以立法惯例的形式存在和运行,经实践证明行之有效后,法律将其提炼和确认为全国人大常委会的法定权力,并演变为目

---

〔1〕 有学者将全国人大常委会的先行审议称为"准备性审议",以区别于全国人大的"正式审议"。参见周旺生:《再论全国人大立法运作制度》,载《求是学刊》2003年第4期。

〔2〕 "立法审议是立法的核心环节。"宋方青、王翔:《论我国人大立法审议机制的功能与优化》,载《厦门大学学报(哲学社会科学版)》2018年第6期。

〔3〕 朱苏力以司法审查制度为例,从发生学的角度分析了制度形成的复杂性。参见朱苏力:《制度是如何形成的?——关于马歇尔诉麦迪逊案的故事》,载《比较法研究》1998年第1期。

〔4〕 参见林尚立:《在有效性中累积合法性:中国政治发展的路径选择》,载《复旦学报(社会科学版)》2009年第2期。

前合法性和有效性兼备的立法制度。

一、立法惯例阶段：1982 年至 2000 年

在 1982 年宪法施行至 2000 年《立法法》通过的近二十年时间内，先行审议制度以非正式立法惯例的形式存在并发挥作用。众所周知，作为共同行使国家立法权的两个主体，全国人大是"非常设机关"，而全国人大常委会是"常设立法机关"。[1] 尽管二者存在千丝万缕的关系，但实践中，它们不仅会期是错开的，而且全国人大常委会组成人员的另一重身份是全国人大代表，所以在全国人大会议期间，全国人大常委会并非以一个实体机构的形式存在，而是分散为一个个的全国人大代表参会。[2] 正因此，不管是 1982 年通过的《全国人大组织法》、1987 年通过的《全国人大常委会议事规则》，还是 1989 年通过的《全国人大议事规则》，都严格区分全国人大的立法程序和全国人大常委会的立法程序。由于全国人大是"非常设机关"，全国人大常委会不仅在全国人大立法的准备环节做了大量工作，而且是有权向后者提出法律案的法定主体。但是，在核心的审议和表决环节，上述法律都只允许全国人大常委会组成人员以全国人大代表的身份参加。换句话说，全国人大常委会不得以常设机关的组织形式参与到全国人大法律案的审议和表决环节当中。

各国立法机关普遍存在不成文的立法惯例或非正式制度，权威性和拘束力并不亚于成文的正式立法制度。那么，先行审议又是在什么因素的作用下成为非正式制度的呢？首先，全国人大作

---

[1] 参见黄明涛：《"最高国家权力机关"的权力边界》，载《中国法学》2019 年第 1 期。
[2] 有学者认为，将全国人大和全国人大常委会视为一体的传统宪法学观念值得反思。参见黄明涛：《"最高国家权力机关"的权力边界》，载《中国法学》2019 年第 1 期。

为"非常设机关"长期闭会,国务院、30名以上的全国人大代表等法定提案主体即便有意也无法向其提出法律案;其次,法定提案主体即便是在全国人大开会期间提出法律案,由于会期短而议程多的矛盾突出,审议资源十分有限,致使全国人大难以充分进行审议,仓促立法也不妥当;最后,相比于其他类型的议案,法律案不仅形式要求较高,而且达到一定的成熟度后审议才有价值。因此,作为法定提案主体的代表团或30名以上的代表联名提出的法律案往往欠缺审议基础,只能作为立法建议处理。[1]

史家钱穆说,任何一项制度的创立,必然有其外在的需要和内在的用意。[2] 正是由于全国人大立法能力不足,全国人大常委会才在全国人大闭会期间先行审议全国人大法律案,既方便提案主体提出立法需求,也能够为全国人大审议打下基础。正如周旺生所言,"这样就逐渐形成一种做法:在全国人大会议闭会期间,由常委会先行接纳提交全国人大的法律案,并先行审议和完善这些法律案,然后再由常委会将经过自己先行审议和完善的法律案提交全国人大会议。这样做,既能方便提案主体向全国人大提出法律案,又能为全国人大会议审议这些法律案提供审议基础,在一定程度上弥补了全国人大会议少、会期短的不足"[3]。

二、法定制度阶段:2000 年至 2015 年

将实践证明成熟的经验和行之有效的做法"定型化""成文

---

〔1〕 立法实务工作者指出,代表团和代表联名提出的数百件议案并不符合法律案的要件,仅仅可以归为立法建议,不具备审议的基础,即便是审议也是浪费宝贵的立法资源。参见乔晓阳主编:《中华人民共和国立法法讲话》,中国民主法制出版社2008年版,第117页。

〔2〕 参见钱穆:《中国历代政治得失》,九州出版社2012年版,第2页。

〔3〕 周旺生:《论全国人大的立法运作制度》,载《法治论丛》2003年第3期;周旺生:《再论全国人大的立法运作制度》,载《求是学刊》2003年第4期。

化""条文化",是我国长期坚持的立法发展道路,[1]被学者概括为"经验主义立法模式"。[2] 2000年制定的《立法法》,正式将先行审议从立法惯例上升为法定制度。该法的草案说明指出,在立法程序方面"着重把多年来实践证明体现民主集中制原则并行之有效的一些基本经验,加以法律化、制度化",而先行审议就是其中之一。[3] 对此,官方的权威的解释是:"由于大会会期的限制,在一年中的大多数时间里,无法向大会提出法律案。为了使向大会提出的法律案得到充分的审议,因而在大会闭会期间可以先向常委会提出。"[4] 在此值得特别关注的有两点:一是先行审议制度启动与否,取决于法定提案主体是否先向全国人大常委会提出法律案;二是先行审议后法律案是否再提交全国人大审议,由全国人大常委会决定。后者意味着全国人大常委会先行审议后,还有权决定不提交本该由全国人大审议的法律案,使这一制度设计的正当性不无疑问。[5]

2005年,党中央转发的全国人大常委会党组文件强调,采取以下措施强化全国人大代表在全国人大常委会立法中的作用:第一,全国人大代表在全国人大闭会期间可以向全国人大常委会提出议案;第二,全国人大常委会应当邀请全国人大代表列席会议;第三,全国人大常委会应当根据具体情况将正在审议的法律案向全国人

---

〔1〕 参见彭真:《论新时期的社会主义民主与法制建设》,中央文献出版社1989年版,第22—23、62、137页。
〔2〕 参见蔡定剑:《20年人大立法的发展及历史性转变》,载《国家行政学院学报》2000年第5期。
〔3〕 参见顾昂然:《关于〈中华人民共和国立法法(草案)〉的说明》,载《全国人民代表大会常务委员会公报》2000年第2号。
〔4〕 张春生主编:《中华人民共和国立法法释义》,法律出版社2000年版,第84页。
〔5〕 参见赵一单:《论基本法律的程序性判断机制》,载《政治与法律》2018年第1期。

大代表征求意见。[1] 以上三项举措在先行审议环节引入了全国人大代表的参与,在一定程度上有助于弥补该制度的正当性缺陷。

三、制度调适阶段:2015 年至今

法定化后,先行审议制度并未停滞不前,而是在实践中持续调整,通过融入更丰富的要素以与其他制度兼容。一方面,2015 年修改《立法法》,再次将实践证明有效的非正式做法提炼之后予以法定化,明确了全国人大代表参与全国人大常委会立法的三种方式:一是先行审议的法律案必须征求全国人大代表的意见,并向其反馈;二是邀请全国人大代表一同参与立法调研;三是邀请有关全国人大代表列席会议。[2] 从此,全国人大代表参与到先行审议之中成为法定制度。另一方面,2021 年修改《全国人大议事规则》,"根据多年来的实践做法并参照立法法的规定"进一步完善了全国人大的立法程序:其一,再次确认了先行审议制度的法定程序地位;其二,明确要求全国人大常委会应当将先行审议的法律案向社会公开征求意见。[3]

在分析全国人大常委会执法检查权确立过程时,林彦提出了"从自我创设到政治惯例再到法定权力"的三阶段制度变迁分析框架。[4]

---

[1] 参见《中共中央转发〈中共全国人大常委会党组关于进一步发挥全国人大代表作用,加强全国人大常委会制度建设的若干意见〉的通知》,载全国人大常委会办公厅、中共中央文献研究室编:《人民代表大会制度重要文献选编》(四),中国民主法制出版社、中共中央文献出版社 2015 年版,第 1362—1373 页。

[2] 参见李建国:《关于〈中华人民共和国立法法修正案(草案)〉的说明》,载《全国人民代表大会常务委员会公报》2015 年第 2 号。

[3] 参见王晨:《关于〈中华人民共和国全国人民代表大会议事规则(修正草案)〉的说明》,载《全国人民代表大会常务委员会公报》2021 年第 3 号。

[4] 参见林彦:《从自我创设,到政治惯例,到法定权力——全国人大常委会执法检查权的确立过程》,载《清华法学》2009 年第 3 期。有学者借用这一制度变迁的框架分析了全国人大常委会立法规划编制权的确立过程,参见赵一单:《论基本法律的程序性判断机制》,载《政治与法律》2018 年第 1 期。

梳理先行审议制度的生成史同样可以发现，它的确立与演变过程同样经历了三个阶段：先行审议最初是全国人大常委会为应对实际问题的"自我创设"，而后以"非正式制度"的惯例形式存在并持续运行；经长期实践证明有效之后，立法通过法律条文明文确认，将先行审议转变为全国人大常委会的"法定权力"。总而言之，先行审议因实践的需要产生并在持续运作中得到巩固，且根据制度环境的变化适时进行调整，在具备实际有效性的同时随着时间的流逝最终获得了某种程度上的实质合法性。

第二节　全国人大常委会先行审议全国人大法律案制度的实际运作

一部法案如何才能成为法律？提案、审议、表决、公布四个前后相继的环节，不仅是学界所公认的全国人大立法程序，[1]也是法律所规定的主要立法程序。[2] 相比之下，同样作为立法程序的先行审议，《立法法》《全国人大议事规则》等法律的相关规定比较粗略，学界也尚未充分关注，导致其实践样貌以及作用等并不清晰。观察立法实践可以发现，先行审议的运行过程包括提出法案、列入议程、正式审议、审议之后决定是否提请全国人大正式审议、向全国人大作出说明等五个步骤。

---

[1] 参见周旺生：《再论全国人大立法运作制度》，载《求是学刊》2003年第4期。
[2] 参见顾昂然：《关于〈中华人民共和国立法法（草案）〉的说明——2000年3月9日在第九届全国人民代表大会第三次会议上》，载《全国人民代表大会常务委员会公报》2000年第2号。

一、先行审议制度的运作过程

(一)提出法案:特定主体提出需要先行审议的法律案

先行审议的启动有赖于特定主体向全国人大常委会正式提出需要先行审议的全国人大法律案,但现行法律并未规定先行审议提案权的归属。根据官方比较权威的说法,"需要注意的是,可以先向常委会提出法律案的主体,应当是有权向全国人大提出又同时有权向常委会提出法律案的主体"[1]。据此,只有国务院、中央军事委员会、最高人民法院、最高人民检察院、全国人大各专门委员会才具备提出先行审议法律案的主体资格,可以称为先行审议提案主体。举例而言,2016年3月16日,十二届全国人大第四次会议通过的《慈善法》,就是由全国人大原内务司法委员会提出,并经全国人大常委会先行审议的。[2]

值得注意的是,根据《立法法》相关规定,委员长会议不是全国人大立法的法定提案主体,因而不具备同时向全国人大和全国人大常委会提出法律案的主体资格,但实际上却是最重要的先行审议提案主体。在立法实践中,委员长会议提出的先行审议法律案,不仅数量最多,而且分量颇重。例如,2018年,十三届全国人大第一次会议通过的《监察法》,最初就是由委员长会议向十二届全国人大常委会提出并由后者先行审议的;再如,2021年3月11日,十三届全国人大常委会第四次会议通过的《全国人民代表大会关于修改〈中华人民共和国全国人民代表大会组织法〉的决定》,在先行

---

[1] 全国人大常委会法制工作委员会国家法室编著:《中华人民共和国立法法释义》,法律出版社2015年版,第82页。

[2] 参见李建国:《关于〈中华人民共和国慈善法(草案)〉的说明》,载《全国人民代表大会常务委员会公报》2016年第2号。

审议阶段,也是由委员长会议向全国人大常委会提出的。[1] 此外,2015年《立法法》的修改[2]、2017年《民法总则》的制定[3],也都发端于委员长会议向全国人大常委会提出的相应法律案。

(二)列入议程:委员长会议决定是否列入会议议程

在我国的立法程序中,法律案提出后一般不会自动进入审议环节,"须经过列入议程前的审查关口"[4]。受案主体对法律案的审查分为形式审查和实质审查两个方面。根据《立法法》第58条的规定,提出的法律案必须符合形式上的要求,包括法律草案文本、法律草案说明、必要的参阅资料等。至于对法律案的实质审查,《立法法》等法律只分别规定了向全国人大和全国人大常委会提出法律案的审查程序,并未明确规定将先行审议的法律案列入全国人大常委会会议议程的程序。理论上讲,既然全国人大常委会是先行审议法律案的受案主体,法律案的实质审查也应当由全国人大常委会根据法定立法程序进行。

根据《立法法》第29条、第30条的规定,不同类型提案主体向全国人大常委会提出的法律案适用不同的审查标准:委员长会议提出的法律案直接列入会议议程;国务院等机关主体提出的法律案则由委员长会议形式审查后列入会议议程;而十人以上常委会组成人员联名提出的法律案先由委员长会议进行实质审查,然后决定是否列入会议议程。由此可见,全国人大常委会对先行审议

---

[1] 参见《第十三届全国人民代表大会常务委员会第二十一次会议议程》,载《全国人民代表大会常务委员会公报》2020年第4号。

[2] 参见李建国:《关于〈中华人民共和国立法法修正案(草案)〉的说明》,载《全国人民代表大会常务委员会公报》2015年第2号。

[3] 参见《第十二届全国人民代表大会常务委员会第二十一次会议议程》,载《全国人民代表大会常务委员会公报》2016年第4号。

[4] 徐向华主编:《立法学教程》(第2版),北京大学出版社2017年版,第171页。

法律案的审查只限于形式审查,而具体负责审查的机构则是委员长会议。根据《全国人大组织法》第 25 条的规定,拟定全国人大常委会会议议程草案是委员长会议的职权之一。在规范层面,委员长会议只是"处理常务委员会的重要日常工作"的机构,而实际上,委员长会议是全国人大常委会的领导核心,因此,由其负责审查法律案并决定列入哪次会议议程,既在规范上具有正当性,而且有助于根据立法项目的轻重缓急合理安排审议时间,提升议事效率,是经过长期实践证明行之有效的做法。[1]

(三)审议程序:全国人大常委会先行审议法律案的具体操作

根据《立法法》第 19 条第 1 款的规定,全国人大常委会先行审议全国人大法律案的程序与审议其他法律案并无原则上的不同。与此同时,第 2 款专门强调,全国人大常委会在先行审议环节应当吸纳全国人大代表参与,包括通过多种形式征求代表意见、邀请代表参加立法调研。不过,由于全国人大常委会的法定审议程序本身也要求通过多种形式征求包括全国人大代表在内的各方面意见,[2]因此,从程序上讲,全国人大常委会先行审议全国人大法律案与其审议其他法律案并无显著差别。但通过梳理立法背景资料,并结合对立法实践的观察,本书认为,全国人大常委会先行审议的具体操作有以下两点值得注意。

第一,全国人大常委会先行审议法律案的次数一般在两次以

---

〔1〕 参见全国人大常委会法制工作委员会国家法室编著:《中华人民共和国立法法释义》,法律出版社 2015 年版,第 108 页。

〔2〕 参见全国人大常委会法制工作委员会国家法室编著:《中华人民共和国立法法释义》,法律出版社 2015 年版,第 127 页。

上。[1]例如,《慈善法(草案)》是经过十二届全国人大常委会第十七、十八两次会议连续审议后,才提请十二届全国人大第四次会议审议的。[2]再如,《监察法(草案)》在提请十三届全国人大第一次会议审议前,先后经过了十二届全国人大常委会第二十八次会议的初次审议和第三十一次会议的再次审议。[3]截至目前,全国人大常委会先行审议次数最多的法律是《民法典》。我国编纂《民法典》采取了先制定民法总则,再制定各分编,最后将二者合并为民法典草案的两步走立法思路。在2017年3月十二届全国人大第五次会议审议《民法总则(草案)》之前,十二届全国人大常委会于2016年对其进行了三次先行审议;而在2020年5月十三届全国人大第三次会议审议《民法典(草案)》之前,十二届、十三届全国人大常委会总共先行审议了七次。也就是说,在全国人大通过《民法典》之前,全国人大常委会的先行审议达到了十次之多。[4]

第二,全国人大常委会先行审议法律案一般会征求各方意见。全国人大常委会审议法律案一般采取线下、线上相结合的方式征求各方意见。在线下征求意见方面,根据《立法法》第39条的规定,专门委员会、法制工作委员会审议法律案应当听取各方意见,具体形式包括召开座谈会、听证会、论证会等,也包括书面征求相关领域全国人大代表的意见。至于线上征求意见,《立法法》也明

---

〔1〕 参见乔晓阳主编:《中华人民共和国立法法讲话》,中国民主法制出版社2008年版,第115页;全国人大常委会法制工作委员会国家法室编著:《中华人民共和国立法法释义》,法律出版社2015年版,第82页。

〔2〕 参见李建国:《关于〈中华人民共和国慈善法(草案)〉的说明》,载《全国人民代表大会常务委员会公报》2016年第2号。

〔3〕 参见李建国:《关于〈中华人民共和国监察法(草案)〉的说明》,载《全国人民代表大会常务委员会公报》2018年第2号。

〔4〕 参见王晨:《关于〈中华人民共和国民法典(草案)〉的说明》,载《全国人民代表大会常务委员会公报》2020年特刊。

确要求全国人大常委会原则上应当将法律案向社会公布。自2008年开始,全国人大常委会一般都会在中国人大网上公开正在审议的法律案,征求公众的意见。[1]

(四)审议之后:委员长会议决定是否提请全国人大正式审议

如前所述,先行审议制度是为应对全国人大会期短等制度短板而存在的。因此,全国人大常委会先行审议法律案之后理应将其提交全国人大正式审议,《立法法》的表述是"决定提请"全国人大审议。在此,问题的关键就是全国人大常委会的决定权是实质上的还是形式上的?换言之,先行审议之后,全国人大常委会是否有权决定不提请全国人大审议?立法实践中确实发生过全国人大常委会先行审议后决定不提请全国人大正式审议,转而由其表决通过的立法实例。例如,八届全国人大常委会第二十九次会议提出的九届全国人大第一次会议议程草案,曾列入审议《高等教育法(草案)》的事项,但全体会议讨论时认为,该法可以由全国人大常委会通过;再加上当时其他法律案尚未准备妥当,最终九届全国人大第一次会议没有审议法律案。[2]

为更好地理解这一问题,我们必须探究全国人大会议的议程是如何制定的。根据《全国人大组织法》《全国人大议事规则》的相关规定,全国人大会议议程的制定规则如下:全国人大常委会提出会议议程草案给全国人大会议开幕前的预备会议,审议通过后即正式确定。但蔡定剑指出:"实际上,所有向全国人民代表大会和常委会提出的法律议案,都是事先向全国人大常委会提出,由委员

---

[1] 参见全国人大常委会法制工作委员会国家法室编著:《中华人民共和国立法法释义》,法律出版社2015年版,第133-136页。
[2] 参见刘政、程湘清:《民主的实践——全国人民代表大会及其常委会的组织和运作》,人民出版社1999年版,第77页。

长会议决定提交代表大会还是提交常委会审议。""可见,法律议案能否列入代表大会或常委会议程和到底是列入代表大会还是常委会议程,最关键的因素是委员长会议。"[1]也就是说,委员长会议决定了全国人大和全国人大常委会会议审议哪些事项或者不审议哪些事项,即具体的会议议程。因此,全国人大常委会是否先行审议全国人大法律案,以及后续是否提请全国人大正式审议,实质决定权由委员长会议掌握。

(五)作出说明:向全国人大会议作出法律草案说明的主体

法律案经全国人大常委会先行审议并提请全国人大正式审议的,应当依照法定程序向全国人大提出,而作出关于法律草案的说明是全国人大常委会先行审议和全国人大正式审议的一道对接程序。理论上讲,作出关于法律草案的说明的主体应当是提案主体。不过,如前所述,先行审议的提案主体实际上分为两种类型:一是国务院等既有权向全国人大又有权向全国人大常委会提出法律案的国家机关;二是无权向全国人大提出法律案的委员长会议。相应地,向全国人大会议作出关于法律草案说明的主体也视情况的不同而不同:在前一种情况下,当国务院等先行审议提案主体向全国人大提出法律案时,一般由其作关于法律草案的说明;在后一种情况下,当委员长会议最早向全国人大常委会提出先行审议法律案时,实际上只能由全国人大常委会代其向全国人大提出法律案,而此时作出说明的主体应当是全国人大常委会。[2]

---

〔1〕 蔡定剑:《中国人民代表大会制度》,法律出版社1998年版,第309页。
〔2〕 参见乔晓阳主编:《中华人民共和国立法法讲话》,中国民主法制出版社2008年版,第116-117页;全国人大常委会法制工作委员会国家法室编著:《中华人民共和国立法法释义》,法律出版社2015年版,第82-83页。

二、先行审议制度的立法实例考察

（一）从基本法律降格为非基本法律的《农业法》

在先行审议环节，全国人大常委会可能会将基本法律修改为非基本法律，进而由自己审议通过。《农业法》的立法过程就是典型例子。1993年，国务院将《农业基本法（草案）》提交全国人大常委会先行审议。尽管在该法的草案说明中，国务院一再强调《农业基本法（草案）》的基本法律属性，[1]但在先行审议过程中，当时的全国人大法律委员会将该草案基本法律的定性修改为非基本法律，并建议全国人大常委会直接审议通过。其具体理由如下："关于本法名称，国务院关于农业基本法的议案本来是提请全国人大常委会审议决定提请八届全国人大一次会议审议的，如果本法仍称作'农业基本法'，按照宪法规定，制定和修改刑事、民事、国家机构的和其他的基本法律属于全国人民代表大会的职权，这部法律的审议就要等到明年春天召开的八届二次全国人民代表大会。考虑到本法最好尽早制定，建议将'农业基本法'改为'农业法'，由全国人大常委会审议。"[2]最终，全国人大常委会接受了以上建议，导致原本定性为基本法律的法律草案被"降格"对待，以非基本法律的形式通过。

（二）从非基本法律升级为基本法律的《慈善法》

凭借先行审议权，全国人大常委会还可以将非基本法律提交

---

[1] 参见刘中一：《关于〈中华人民共和国农业基本法（草案）〉的说明》，载《全国人民代表大会常务委员会公报》1993年第4号。

[2] 参见项淳一：《全国人大法律委员会关于〈中华人民共和国农业基本法（草案）〉审议结果的报告》，载《全国人民代表大会常务委员会公报》1993年第4号。

全国人大审议。[1] 从表4-1所展示的《慈善法》立法过程可以看出,该法立法过程的重点是全国人大常委会阶段,但最终却是由全国人大通过的。至于为何要由全国人大审议通过,全国人大常委会的解释如下:"全国人民代表大会及其常务委员会行使国家立法权。全国人大代表是最高国家权力机关的组成人员,来自人民,最直接地了解人民群众的呼声和意愿。由全国人民代表大会审议慈善法草案,有利于推进科学立法、民主立法,广泛集中民智、凝聚共识,将中国共产党关于发展慈善事业的重要主张和人民的意愿上升为国家意志,在全社会形成有利于慈善事业发展的良好氛围,为慈善法的贯彻实施奠定更加坚实的基础。"[2] 但是,这一说明并未指出慈善法是否是基本法律,全国人大常委会的主要考虑是希望全国人大代表能参与到该法的审议之中。据曾参与立法的阚珂记述,慈善法的定性在全国人大审议期间遭到过质疑。[3] 这也为随后它的地位之争埋下了伏笔。[4] 总而言之,《慈善法》的立法过程

---

[1] 有学者称此为"低法高定"。参见李克杰:《中国"基本法律"概念的流变及其规范化》,载《甘肃政法学院学报》2014年第3期。但部分立法实务工作者主张,全国人大有权制定非基本法律,主要包括两种:"一种是,涉及全国人大的权限和工作程序的事项";"另一种是,比较重要的非基本法律,大多涉及公民的权利和义务"。参见乔晓阳主编:《中华人民共和国立法法讲话》,中国民主法制出版社2008年版,第88-89页。有学者也持此论,参见韩大元、刘松山:《宪法文本中"基本法律"的实证分析》,载《法学》2003年第4期。

[2] 李建国:《关于〈中华人民共和国慈善法(草案)〉的说明》,载《全国人民代表大会常务委员会公报》2016年第2号。

[3] 阚珂说:"在第十二届全国人大第四次会议前和会议期间,不断有人问我,慈善法草案看起来并没有立法法、刑法那么重要,为什么要由全国人民代表大会审议?每当遇到这样的疑问,我总会反问:大会审议慈善法草案,难道不是发挥全国人大代表在立法中主体作用的一个具体举措吗?"阚珂:《人民代表大会那些事》,法律出版社2017年版,第180页。

[4] 参见李克杰:《我国狭义法律类型化的困局与化解》,载《东方法学》2016年第6期。

显示,全国人大常委会出于特定考虑会将非基本法律提交全国人大审议。

表 4-1 《慈善法》立法过程

机构	阶段	内容
全国人大常委会	立法规划	慈善法列入十二届全国人大常委会立法规划
	立法计划	2015 年,慈善法列入全国人大常委会立法工作计划
	初审	全国人大内务司法委员会将慈善法草案提请十二届全国人大常委会第十七次会议审议
	二审	全国人大常委会第十八次会议对慈善法草案进行了再次审议,并决定将草案提请第十二届全国人大第四次会议审议
	全国人大常委会党组请示党中央	2016 年 2 月 18 日,习近平总书记主持召开中央政治局常委会会议,听取了全国人大常委会党组的汇报,原则同意《关于〈中华人民共和国慈善法(草案)〉几个主要问题的请示》,并就进一步修改完善作出重要指示
全国人大	全国人大常委会向全国人大提案	2016 年 3 月 9 日,全国人大常委会向第十二届全国人大第四次会议提交慈善法草案
	全国人大通过	2016 年 3 月 16 日,第十届全国人大第四次会议审议通过慈善法

资料来源:该表由笔者根据《全国人民代表大会常务委员会公报》披露的立法信息自行整理而来。

(三)制定主体不一的民事单行法

民事单行法作为《民法典》重要组成部分,理论上法律地位应当是一致的。但各个民事单行法的制定主体却存在差异,甚至引起了宪法争议。2002 年年底召开的九届全国人大常委会第三十一次会议"初步审议"[1]了作为基本法律的民法草案,[2]意图启动民法典编纂工作。但由于调整的社会关系复杂、立法经验不足以及立法难度较大等因素的阻碍,民法典编纂再次停止,立法机关继续沿用此前采取的先制定民事单行法的立法策略,先后于2007年、2009年和2010年制定了《物权法》、《侵权责任法》和《涉外民事关系法律适用法》。尽管《民法典》已经正式通过,相关民事单行法已被废止,但它们的立法过程却依然能反映全国人大和全国人大常委会立法权限的纠葛。

以上三部民事单行法的制定过程都引起了不同程度的争议,除了《物权法(草案)》违宪之争,[3]还牵扯出如何判定基本法律与非基本法律的宪法争议,原因在于:同为地位相当的民事单行法,《物权法》由全国人大通过,而《侵权责任法》和《涉外民事关系法律适用法》却由全国人大常委会通过。[4] 不过,换个角度来看,这也反映出全国人大常委会一方面对编纂民法典的立法程序并不是从一开始就有完整、严密的计划,另一方面对于基本法律和非基本

---

[1] 参见《李鹏委员长在九届全国人大常委会第三十一次会议上的讲话》,载《全国人民代表大会常务委员会公报》2003年第1号。

[2] 时任全国人大法律委员会副主任委员的顾昂然明确指出:"民法是国家的基本法律。"顾昂然:《立法札记——关于我国部分法律制定情况的介绍(1982—2004年)》,法律出版社2006年版,第355页。

[3] 参见童之伟:《〈物权法(草案)〉该如何通过宪法之门——评一封公开信引起的违宪与合宪之争》,载《法学》2006年第3期;韩大元:《由〈物权法(草案)〉的争论想到的若干宪法问题》,载《法学》2006年第3期;童之伟:《再论物权法草案中的宪法问题及其解决路径》,载《法学》2006年第7期;郝铁川:《〈物权法(草案)〉"违宪"问题之我见》,载《法学》2006年第8期。

[4] 参见王竹:《〈侵权责任法〉立法程序的合宪性解释——兼论"民法典"起草过程中的宪法意识》,载《法学》2010年第5期;何力:《论〈涉外民事关系法律适用法〉与〈民法通则〉的关系》,载《政法论丛》2013年第2期;王伟:《全国人大常委会立法的法律位阶探析——以〈涉外民事关系法律适用法〉为例》,载《东北大学学报(社会科学版)》2014年第2期;王竹:《以"非基本法律法典化模式"编纂民法典的立法程序——一种"实用主义思路"的合宪性思考》,载《中外法学》2014年第6期。

法律有别的宪法规定也缺乏遵守的自觉。

(四)法律地位和制定主体不匹配的新《国家安全法》

对于 2015 年通过的新《国家安全法》[1]的法律地位,全国人大常委会时任委员长张德江指出:"国家安全法是国家安全领域的综合性、全局性、基础性法律,在构建国家安全法律制度体系中起着统领作用。"[2]该法的草案说明也强调:"制定一部立足全局、统领国家安全各领域立法工作的综合性法律,同时为制定其他有关维护国家安全的法律提供基础支撑,有利于形成与维护国家安全需要相适应、立足我国国情、体现时代特点,系统完备、科学规范、运行有效的中国特色国家安全法律制度体系,为维护我国国家安全提供坚实的法律制度保障。"[3]与此同时,学界也一致认为新《国家安全法》属于基本法律。[4]但令人困惑的是,新《国家安全法》最终由全国人大常委会而不是全国人大通过。

第三节 全国人大常委会先行审议全国人大法律案制度的多重影响

正如史家钱穆所言,"任何一制度,决不会绝对有利而无弊,也

---

[1] 新《国家安全法》是与旧《国家安全法》相对而言的,后者由全国人大常委会于 1993 年通过并于 2014 年废止。

[2] 张德江:《在第十二届全国人民代表大会常务委员会第十五次会议上的讲话》,载《全国人民代表大会常务委员会公报》2015 年第 4 号。

[3] 李适时:《关于〈中华人民共和国国家安全法(草案)〉的说明——2014 年 12 月 22 日在第十二届全国人民代表大会常务委员会第十二次会议上》,载《全国人民代表大会常务委员会公报》2015 年第 4 号。

[4] 参见杨宗科:《论〈国家安全法〉的基本法律属性》,载《比较法研究》2019 年第 4 期。

不会绝对有弊而无利。所谓'得失',即根据其实际利弊而判定"[1]。先行审议制度的影响颇为复杂,需要根据语境具体判定。

一、先行审议制度的正面效用

毫无疑问,先行审议制度发展了全国人大的立法程序:原本全国人大审议程序采用的是当次会议审议、当次会议通过的"一审制",审议次数少且审议时间短;而先行审议制度的创立和运行,在全国人大审议法律案之前引入了全国人大常委会的审议,客观上增加了法律案的审议次数和审议时间。从结果来看,全国人大常委会的先行审议从以下方面强化了全国人大整体的立法效果。

(一)提高了全国人大的立法质量

审议环节是从法案到法律的关键。法律文本的内容是否妥当与审议的效果密切相关。众所周知,受限于代表兼职、会期短暂等制度短板,全国人大的审议能力并不高,而且短期内难以改善。[2]先行审议制度有效地回应了这一现实困境,已经由最初的立法惯例发展为正式的立法制度。通过先行审议这一"前置程序",提交全国人大的法律案事前都经过了全国人大常委会的审议,而且是多次审议,形成了全国人大常委会先行审议、全国人大正式审议的"双重审议模式"。借助全国人大常委会的先行审议,法律草案在全国人大通过前的审议时间得到显著增加,立法周期也显著拉长,与一次审议即通过的"一审制"相比,事实上有助于提高全国人大的立法质量。

---

[1] 钱穆:《中国历代政治得失》,九州出版社2012年版,第2页。
[2] 2015年全国人大修改《立法法》时,民法学者孙宪忠曾以全国人大代表的身份批评全国人大立法实行的"一审制",进而建议在全国人大立法程序中增加两次审议程序,实现"三审制"。参见孙宪忠:《我动议:孙宪忠民法典和民法总则议案、建议文集》,北京大学出版社2018年版,第304页。

(二)加快了全国人大的立法速度

效率是立法尤其是立法程序追求的核心价值之一。因为立法机关的运转和立法程序的展开所需要的时间等立法资源不是无限的,所以立法活动也不得不考虑投入与产出的关系,也需要进行效率考量,而我国立法的效率导向尤其明显。众所周知,改革开放初期,党中央提出"有法可依"的目标开启了我国持续三十余年的大规模立法运动。在法律体系基本形成、大规模立法运动告一段落后,党中央适时调整重心,作出完善法律体系、注重立法质量的新决策。习近平总书记明确指出:"全国人大及其常委会是国家立法机关,要在确保质量的前提下加快立法工作步伐"[1]。全国人大常委会也适时调整,在注重立法效率的同时更加注重立法质量,力求做到立法数量和立法质量双管齐下。观察立法实践,"质量与效率"的话语组合频繁地出现在全国人大常委会的领导讲话和工作报告中,意味着效率仍然是全国人大及其常委会立法工作的主导思路。此外,特定领域加快立法速度的现实需求也一直十分强烈,正如习近平总书记多次强调的,全国人大及其常委会要"健全国家治理急需、满足人民日益增长的美好生活需要必备、维护国家安全所急的法律制度"[2]。

先行审议制度在提升立法效率方面的积极作用已经被立法实践所证明。一方面,法律草案在全国人大审议之前先由全国人大常委会先行审议,二者分工配合、前后协作,如同田径接力赛中的前后手,只有成熟的法律案才能进入全国人大正式审议环节,从而使得法律能够及时出台。与全国人大审议法律草案后认为不成

---

[1] 习近平:《在中央人大工作会议上的讲话》,载《求是》2022年第5期。
[2] 习近平:《谱写新时代中国宪法实践新篇章——纪念现行宪法公布施行40周年》,载《人民日报》2022年12月20日,第1版。

熟,授权全国人大常委会审议后再通过相比,如1987年全国人大授权全国人大常委会对其原则通过的《村民委员会组织法(草案)》审议修改后再通过,[1]全国人大常委会先行审议之后再由全国人大正式审议的制度安排显然效率更高,立法效果也更佳。另一方面,如上文《农业法》立法过程所展示的,全国人大常委会认为正在先行审议的法律草案乃现实所急需时,还可以转而决定由自己通过以及时回应社会需要,避免因等待全国人大召开会议而贻误法律出台时机。总而言之,不管是借助先行审议提升后续全国人大的立法效率,还是先行审议后再决定由全国人大常委会自行通过,先行审议制度都发挥了加快全国人大立法效率的正面作用。

(三)扩大了全国人大代表的立法参与度

作为人民的代表,全国人大代表参与立法的必要性和重要性无须多言,"尊重代表的权利就是尊重人民的权利,保障代表依法履职就是保障人民当家作主"[2]。但是,目前全国人大代表参与全国人大立法的效果并不理想:在启动立法程序的提案环节,全国人大代表团和代表联名提出的法律案至今都没有被列入过全国人大会议议程;[3]在关键的立法审议环节,受制于全国人大会期短因而审议时间短,全国人大代表的审议作用也难以充分发挥。而立法实践表明,先行审议制度将全国人大的立法程序向前延伸到了全国人大常委会阶段,征求和听取全国人大代表意见的制度安排与实践操作,使得全国人大代表能够"提前参与"全国人大立法,

---

[1] 参见曲頔:《全国人民代表大会授权常务委员会行使相关职权研究》,载《中国法律评论》2021年第2期。

[2] 全国人大常委会法制工作委员会国家法室编著:《中华人民共和国立法法释义》,法律出版社2015年版,第85页。

[3] 参见全国人大常委会法制工作委员会国家法室编著:《中华人民共和国立法法释义》,法律出版社2015年版,第79页。

事实上提高了全国人大代表的立法参与度。正如法制工作委员会所言,全国人大常委会在先行审议环节,"都会专门组织代表研读法律草案,征求全国人大代表对法律案的意见,这已经成为一种新常态"[1]。

(四)增强了全国人大的立法公开性

在采用当次会议审议、当次会议通过的"一审制"的情况下,全国人大立法不具备向社会公开征求意见的时间条件,可能导致立法的公开性不足。相比之下,实行"三审制"的全国人大常委会自十二届以来已经形成惯例,原则上在一审后和二审后都会将法律草案公开向社会征求意见。[2] 因此,前置于全国人大立法程序的先行审议制度,使得全国人大借助全国人大常委会的立法征求意见平台以吸纳各方面对法律案的意见成为可能。前文已述的诸多立法实例足以证明,增强全国人大立法的公开性是先行审议制度发挥出来的重要功能。

二、先行审议制度的潜在问题

(一)对全国人大制定和修改基本法律的影响

先行审议制度的出现与强化打破了全国人大立法程序的独立性,为全国人大常委会介入和影响全国人大立法提供了制度渠道。

全国人大常委会的先行审议能够在以下三个层面影响全国人大制定和修改基本法律:首先,在先行审议过程中修改法律草案的基本法律定性,如《农业基本法(草案)》的更名,将原本该由全国人大制定的基本法律改为由其自己制定的非基本法律。其次,全国

---

[1] 全国人大常委会法制工作委员会国家法室编著:《中华人民共和国立法法释义》,法律出版社 2015 年版,第 83 页。

[2] 参见全国人大常委会法制工作委员会国家法室编著:《中华人民共和国立法法释义》,法律出版社 2015 年版,第 133-136 页。

人大常委会有时还会选择将明显属于非基本法律的法律案提交全国人大审议通过。这显然也不符合国家立法权配置的宪法规定和宪制安排。[1] 最后，全国人大常委会还可能运用先行审议后的实质决定权和设置全国人大立法议程的权力，选择不将基本法律法律案提交全国人大审议，从而限制后者制定和修改基本法律的范围。总而言之，借助这一前置程序，全国人大常委会得以全方位影响全国人大的立法进程和立法内容，从而实现了"程序性扩权"。[2] 尽管《立法法》为全国人大代表参与先行审议做了硬性要求，但不得不承认的是，全国人大代表在先行审议中的作用仅仅是辅助性的。

来自立法实例的经验证据则表明，全国人大常委会先行审议后是否会将一部法律案提交全国人大审议，是由多重因素决定的。例如，《慈善法（草案）》提交全国人大审议是为了直接发挥全国人大代表的立法作用；《村民委员会组织法（草案）》提交全国人大审议旨在"充实会议议程"，也就是说，时机才是决定因素；[3] 为了彰显依法行政的决心，全国人大常委会改将行政处罚法草案提交全国人大审议。[4] 此外，即便是明确认识到某部法律草案的基本法律属性，全国人大常委会也可能决定不提交给全国人大审议，新《国家安全法》便是一个典型例子。[5] 甚至由此可以说，从程序上

---

[1] 参见沈寿文：《"基本法律"与"基本法律以外的其他法律"划分之反思》，载《北方法学》2013年第3期。

[2] 参见赵一单：《论基本法律的程序性判断机制》，载《政治与法律》2018年第1期。

[3] 参见乔晓阳主编：《中华人民共和国立法法讲话》，中国民主法制出版社2008年版，第89页。

[4] 参见乔晓阳主编：《中华人民共和国立法法讲话》，中国民主法制出版社2008年版，第89页。

[5] 参见张德江：《在第十二届全国人民代表大会常务委员会第十五次会议上的讲话》，载《全国人民代表大会常务委员会公报》2015年第4号。

看,全国人大立法和全国人大常委会立法仅有微小差异——是否由全国人大表决通过。转换一下视角,先行审议后的全国人大正式审议可以视作在全国人大常委会立法程序后增加的一道"修改程序",而且是小幅度的修改。以《慈善法》为例,全国人大代表审议过程中共提出修改意见近 4000 处,但最终实质性修改了草案的 38 处,可见全国人大正式审议中修改意见被采纳的比例并不高。[1]

(二) 对全国人大代表行使立法提案权的影响

全国人大代表的立法提案权虚置已经是学界共识。[2] 尽管《全国人大组织法》《全国人大议事规则》《立法法》都一再确认全国人大代表的立法提案权,但现实是,至今尚未有全国人大代表提出的法律案进入全国人大会议议程的成功案例,更遑论得到全国人大的审议。[3] 既然全国人大代表提出的法律案至今没有成功进入过全国人大会议议程,那就可以说,全国人大代表无法直接影响立法,仅仅能间接作用于立法。[4] 在学者们看来,造成全国人大代表立法提案权虚置的原因是多方面的:兼职代表欠缺履职能

---

〔1〕 参见魏哲哲:《让想做善事的人更方便》,载《人民日报》2016 年 3 月 21 日,第 11 版。

〔2〕 参见周旺生:《论全国人大的立法运作制度》,载《法治论丛》2003 年第 3 期;周旺生:《再论全国人大的立法运作制度》,载《求是学刊》2003 年第 4 期。

〔3〕 参见乔晓阳主编:《中华人民共和国立法法讲话》,中国民主法制出版社 2008 年版,第 118 页;全国人大常委会法制工作委员会国家法室编著:《中华人民共和国立法法释义》,法律出版社 2015 年版,第 79 页。实际上,不仅是全国人大代表提出的法律案难以进入全国人大会议议程,能够进入全国人大会议议程的其他议案也是数量极少。参见刘政、程湘清:《民主的实践:全国人民代表大会及其常委会的组织和运作》,人民出版社 1999 年版,第 164-166 页。

〔4〕 实践中,全国人大代表对立法只有辅助作用,仅能通过影响立法规划、督促立法规划落实等渠道发挥立法作用。详见邢斌文:《全国人大代表如何推动民法典工程——基于〈全国人大常委会公报〉(1983—2015)的实证分析》,载《西部法学评论》2017 年第 1 期;邢斌文:《全国人大代表立法提案的实证研究——基于〈全国人大常委会公报〉(1983—2015)》,载《行政法论丛》2017 年第 1 卷。

力,又缺乏来自专业立法助理的辅助;[1]制度设计不合理,如与主席团、国务院等法定国家机关相比,代表的立法提案要接受最为严格的程序审查,处于程序上的不利地位。[2]但先行审议制度对全国人大代表立法提案权行使的限制却不易察觉。

根据《全国人大组织法》的相关规定,法定主体向全国人大或全国人大常委会提出的法律案必须属于其"职权范围"。在先行审议制度之下,全国人大闭会期间法定主体可以先提请全国人大常委会审议法律案。但值得注意的是,这里的法定主体并非是指所有有权向全国人大提出法律案的主体。例如,全国人大主席团和代表团只是临时性机构,事实上不可能在闭会期间行使提案权。而全国人大代表不是全国人大常委会立法的法定提案主体,"因此,代表如果有30人以上联名要求向常委会提出法律案,可以通过常委会委员联名提出"[3]。如此一来,全国人大代表的立法提案需要受制于常委会组成人员接受与否,再加上后者实际上"尚没有联名提出过法律案"[4],前者的立法提案权实际上无从实现。此外,国务院、全国人大专门委员会等既能向全国人大提出法律案,又能向全国人大常委会提出法律案,是事实上的先行审议提案主体,所以全国人大代表的立法提案只能转化为向这些机构提出

---

[1] 参见邢斌文:《全国人大代表立法提案的实证研究——基于〈全国人大常委会公报〉(1983—2015)》,载《行政法论丛》2017年第1卷。

[2] 林彦称此为程序上的"差序格局",即根据不同提案主体的地位和重要性的不同,法律依次形成越来越严格细密的程序关卡。详见林彦:《法律审查制度运行的双重悖论》,载《中外法学》2018年第4期。

[3] 乔晓阳主编:《中华人民共和国立法法讲话》,中国民主法制出版社2008年版,第116页。另见全国人大常委会法制工作委员会国家法室编著:《中华人民共和国立法法释义》,法律出版社2015年版,第82页。

[4] 全国人大常委会法制工作委员会国家法室编著:《中华人民共和国立法法释义》,法律出版社2015年版,第108页。

的立法建议。[1] 因此可以说,先行审议的程序安排事实上将全国人大代表的立法提案阻挡在了正式立法程序之外。即便是全国人大代表提出的较为成熟的立法提案,也只有在法律草案获得全国人大常委会认可并审议之后才能顺利出台,例如2007年民事诉讼法的修改。[2]

观察立法实践,全国人大代表立法作用的发挥主要是间接的,即参与全国人大常委会的立法过程,形式主要包括:在立法规划环节,立法提案或建议经法制工作委员会研究吸收,转化为立法规划中的立法项目;[3]在审议环节,列席全国人大常委会会议[4];在专门委员会审议环节,受专门委员会的邀请参与立法调研;[5]等等。为及时向代表反馈立法动态,全国人大常委会和专门委员会还建立和完善了"重要情况向代表通报制度",以满足全国人大代表的知情权。[6] 以上种种都表明,以全国人大常委会为重心和中心的国家立法格局已经形成并固化,全国人大代表仅能以间接的方式影响立法。

---

〔1〕 参见刘松山:《立法规划之淡化与反思》,载《政治与法律》2014年第12期。

〔2〕 参见《吴邦国论人大工作》(下),人民出版社2017年版,第414页。

〔3〕 参见全国人大常委会法制工作委员会国家法室编著:《中华人民共和国立法法释义》,法律出版社2015年版,第165页。

〔4〕 十二届全国人大常委会五年工作报告指出,五年时间里共有1600人次列席常委会会议。参见张德江:《全国人民代表大会常务委员会工作报告——2018年3月11日在第十三届全国人民代表大会第一次会议上》,载《人民日报》2018年3月25日,第1版。

〔5〕 参见郭振华主编:《全国人民代表大会年鉴》(2016年卷),中国民主法制出版社2017年版,第1084页。

〔6〕 参见张德江:《全国人民代表大会常务委员会工作报告——2018年3月11日在第十三届全国人民代表大会第一次会议上》,载《全国人民代表大会常务委员会公报》2018年第2号。

结　语

"将宪法视为权力的'地图'(maps),在某种意义上来说并不是很准确。权力运作的实际情况可能无法在宪法中完整地体现出来"[1]。正是先行审议这一不易察觉的程序机制,使得我国国家立法的实践偏离了宪法文本设定的"地图":在文本层面,以基本法律为界,全国人大和全国人大常委会的国家立法权配置主要是平行式分工;而在实践层面,全国人大常委会主导了国家立法,决定哪些法律由其通过,而哪些法律由全国人大通过。在 2018 年十三届全国人大第一次会议上所做的五年工作报告中,时任委员长张德江将"连续 4 年提请全国人民代表大会审议重要法律案"[2]作为"立法成绩单"中的重要亮点,郑重地向全国人大代表和全国人民汇报。这一幕既象征着最高权力机关和最高立法机关的宪法地位,也昭示了全国人大常委会对于全国人大立法的关键作用:全国人大制定法律离不开全国人大常委会的"提请"。

自从全国人大常委会为应对现实需要创设先行审议制度以来,在四十余年的时间里,它逐步由"隐"入"显",由"不成文"而"成文",不仅在稳步运行的过程中得到巩固,而且经过磨合日益与其他制度兼容配套,[3]制度效能越来越显著。正如林彦在分析执

---

〔1〕　[美]马克·图什内特:《比较宪法高阶导论》,郑海平译,中国政法大学出版社 2017 年版,第 14 页。

〔2〕　张德江:《全国人民代表大会常务委员会工作报告》,载《全国人民代表大会常务委员会公报》2018 年第 2 号。

〔3〕　"任何一项制度,绝不是孤立存在的。各项制度间,必然是互相配合,形成一整套。否则那些制度各个分裂,绝不会存在,也不能推行。"钱穆:《中国历代政治得失》,九州出版社 2012 年版,第 2 页。

法检查权确立过程时所指出的,"权力的合法性便在其日复一日的运行中自我强化"[1]。更为重要的是,从先行审议切入可以发现,全国人大常委会立法能力的提升与制度建设的进步,不仅没有如学者所通常认为的那样阻碍全国人大行使立法权,反而有助于增强全国人大及其常委会作为最高立法机关的整体效能。再加上全国人大授权全国人大常委会制定法律的做法日益成熟稳固,[2]对全国人大立法而言,越来越离不开全国人大常委会的参与和作用发挥。因此可以说,全国人大和全国人大常委会在目前的国家立法格局中已经完成角色分化。

评价全国人大常委会的先行审议权,端看论者手中衡量的标尺。在立法机关中从事立法的实务工作者看来,先行审议制度使得全国人大常委会掌握了立法的灵活性,立法绩效显著,对于提升立法效率尤为关键。[3]而对于部分学者来说,先行审议制度不仅是否符合宪法规定尚存疑问,而且显然影响了全国人大的宪法地位之实现,正当性基础不足。[4]各执一端的两极化评价,不仅折射出身份对论者立场的可能影响这一表层现象,而且反映了内在于全国人大制度发展中的深层张力——效率与正当之间的不协调乃至冲突。全国人大常委会基本法律修改实践引发的讨论,[5]全

---

[1] 林彦:《从自我创设,到政治惯例,到法定权力——全国人大常委会执法检查权的确立过程》,载《清华法学》2009年第3期。

[2] 参见钱坤:《论全国人大授权其常委会制定法律的基础和界限》,载《环球法律评论》2024年第2期。

[3] 参加乔晓阳主编:《中华人民共和国立法法讲话》,中国民主法制出版社2008年版,第114-120页;全国人大常委会法制工作委员会国家法室编著:《中华人民共和国立法法释义》,法律出版社2015年版,第81-84页。

[4] 参见赵一单:《论基本法律的程序性判断机制》,载《政治与法律》2018年第1期。

[5] 参见韩大元:《论全国人民代表大会之宪法地位》,载《法学评论》2013年第6期。

国人大常委会执法检查权的"正名"过程,[1]全国人大常委会下设的法制工作委员会权力扩张的是与非,[2]实际上都可以归结为正当与效率两重价值之间的矛盾。为了完成大规模立法的时代要求和政治任务,全国人大及其常委会的制度建设和发展方向长久以来都偏重于效率逻辑。[3] 在法律体系形成并不断完善、依法治国迈入全面推进的新时代,如何调和民主与效率之间的矛盾,建设一个既正当又有效的最高立法机关和立法体制,是摆在政学两界面前的重大宪制问题。

---

[1] 参见林彦:《从自我创设,到政治惯例,到法定权力——全国人大常委会执法检查权的确立过程》,载《清华法学》2009 年第 3 期。

[2] 参见林彦:《法律询问答复制度的去留》,载《华东政法大学学报》2015 年第 1 期。

[3] 参见张紧跟:《科层制还是民主制?——改革年代全国人大制度化的内在逻辑》,载《复旦学报(社会科学版)》2013 年第 5 期。

第五章　我国国家立法权配置的调整思路

导　论

2021年召开了党的历史上、人大制度历史上的首次中央人大工作会议。习近平总书记发表的重要讲话,要求各级人大及其常委会"成为自觉坚持中国共产党领导的政治机关、保证人民当家作主的国家权力机关、全面担负宪法法律赋予的各项职责的工作机关、始终同人民群众保持密切联系的代表机关"[1]。"四个机关"的重要论断提出的四重机构属性,既定义了人大及其常委会的职责使命,也指明了今后制度建设的目标方向。对于全国人大和全国人大常委会而言,二者毫无疑问都应当将自身打造"成为自觉坚持中国

---

[1] 习近平:《在中央人大工作会议上的讲话》,载《求是》2022年第5期。

共产党领导的政治机关、保证人民当家作主的国家权力机关、全面担负宪法法律赋予的各项职责的工作机关、始终同人民群众保持密切联系的代表机关、全面担负宪法法律赋予的各项职责的工作机关"。但在王理万看来,"全国人大的四重机构属性在特定情形和语境下,存在一定程度的紧张关系。"张力之一体现在代表机关和工作机关之间,"全国人大主要承担代表机关的功能,而其常委会则更趋向于工作机关"。[1] 换言之,从"功能适当"的角度出发,"全面担负宪法法律赋予的各项职责的工作机关"由全国人大常委会来承担或许更为适当。当然,这既不意味着全国人大应当在国家立法方面继续维持现状,也不意味着我国国家立法权配置无须做任何调整。对"四个机关"这一新的定位指引当然应该予以关注,但更应该关注的是人大系统自党的十八大以来已落实为改革实践的相关作为,尤其是一些制度创新和实践创新对我国国家立法权配置的可能影响,因为全国人大和全国人大常委会的功能变迁深受制度环境的影响,而党的十八大以来提出并实施的一系列坚持和完善人大制度的举措进一步推动了全国人大常委会的功能变迁。[2] 在此背景下,结合前文的历史变迁梳理和实际运行分析,本书尝试从制度视角对我国国家立法权配置的调整进行研究,首先,揭示兼职代表制对我国各级人大及其常委会的内在约束,分析调整我国国家立法权配置必须在兼职代表制基础上予以谋划;其次,梳理十八大以来党中央和人大系统改革实践形成的制度创新和实践创新,分析其为我国国家立法权配置的进一步调整所开拓的制度空间和集聚的制度资源;最后,提出进一步调整我国国家

---

[1] 参见王理万:《论全国人大作为"四个机关"》,载《政治与法律》2022年第11期。

[2] 参见秦前红、崔德旗:《论十八大以来全国人大常委会的宪制功能变迁——纪念"八二宪法"颁布实施四十周年》,载《法治现代化研究》2022年第2期。

立法权配置的改革思路以及配套举措。

第一节　我国国家立法权配置调整所面临的内在约束

如何调整我国国家立法权配置一直是争论不休的问题。由于价值立场的分歧与研究视角的差异,学者们主要在主张全国人大复归其宪法地位与主张继续强化全国人大常委会职权之间长期徘徊,乃至轮番交战,至今仍无定论。学术争鸣本无对错之分,但理论上的莫衷一是不仅对调整我国国家立法权配置无益,而且纷繁的话语使得交锋双方,忽略了一些实际上超越彼此对立的关键问题及其影响。兼职代表制就是这样一个关键问题,争论的双方其实态度一致,都不赞同,但却从未深究过它所带来的复杂影响。其结果是,兼职代表制对我国国家立法权配置的内在制约作用也被忽略了。

一、兼职代表制及其影响

《全国人民代表大会和地方各级人民代表大会代表法》第5条第1款首先规定:"代表依照本法的规定在本级人民代表大会会议期间的工作和在本级人民代表大会闭会期间的活动,都是执行代表职务";同时,第3款强调,"代表不脱离各自的生产和工作。代表出席本级人民代表大会会议,参加闭会期间统一组织的履职活动,应当安排好本人的生产和工作,优先执行代表职务"。"制度这样设计最初的想法是'不脱离岗位,就不脱离群众'。"[1]兼职相对

---

[1]　浦兴祖:《我不赞成人大代表全员"专职化"》,载《北京日报》2011年8月22日,第19版。

于本职而言,既然"代表不脱离各自的生产和工作",代表职务只是一份"兼职",自然不可能长期履职,投入代表职务的时间也就相对短暂。相应地,由兼职代表组成的全国人大只能实行短会期制,不具备长期开会履职的时间条件。

此外,由于人民构成的多样性,兼职代表制因此强调来自人民内部的代表应具有广泛性,以反映党派、性别、民族、地区、人口等各种利益。[1]《全国人民代表大会和地方各级人民代表大会选举法》将广泛代表性作为人大代表选举的基本原则,于第 7 条明确规定"全国人民代表大会和地方各级人民代表大会的代表应当具有广泛的代表性"。因此,理论上讲,只有兼职的代表才能代表人民内部有关身份群体的利益,如农民工代表代表农民工群体、妇女代表代表妇女群体,而专职的代表则无法代表任何一个群体的利益。[2] 举例而言,众所周知,推进全国人大常委会专职化是 1982 年宪法所做的重要改革,但容易被忽视的是,与此相关的第 65 条第 4 款并未禁止全国人大常委会组成人员兼任军事机关的职务。在肖蔚云看来,"这主要是考虑到全国人大常委会里面应当有军队的人员参加,以保证其代表性。如果不允许兼职,则军队代表担任全国人大常委会委员后,就必须辞去军队的职务,这实际上等于军队在全国人大常委会中仍无代表,不利于国家对军队的领导。因而宪法没有作这样的规定"[3]。

在兼职代表制下,受代表应当具有广泛代表性的观念影响,我国人大往往倾向于将代表数量保持在一个较大的规模,因为只有

---

[1] 参见何俊志:《从苏维埃到人民代表大会制——中国共产党关于现代代议制的构想与实践》,复旦大学出版社 2011 年版,第 301 页。

[2] 参见姜峰:《对选举法"四分之一条款"及其代表制理论的追问:一个不同于平等论的视角》,载《中外法学》2007 年第 4 期。

[3] 肖蔚云:《我国现行宪法的诞生》,北京大学出版社 2024 年版,第 185 页。

通过代表的广泛性才能充分反映人民内部构成与利益的多样性。对此,曾任全国人大常委会副委员长的王汉斌有过一个生动的说明:"首先,我们认为,人大代表中有些照顾是必要的,比如说对少数民族就需要照顾。但是要照顾到方方面面,照顾得太细,就需要研究。比如,人大代表中要有优秀的运动员,但不能足球、排球、乒乓球、长跑、短跑、跳高等各个项目都要有人来当人大代表。照顾可以只考虑几个大的方面,如党外人士、妇女、少数民族、科技界、文艺界等,不能要求各行各业都照顾到。有的还提出,人大代表也要照顾到各个地方,每个县、每个乡,甚至每个自然村都要有人大代表,那样人大代表的人数自然就多了。"[1]

概括而言,我国人大实行兼职代表制产生了两个重要的制度性后果:一是代表不能脱离生产和工作,因而人大会期普遍较短,且难以延长;二是代表的构成应当具有广泛代表性,因而人大代表数量较多,且难以减少。因此,学界经常将代表兼职、人大会期偏短、代表数量众多相提并论,视作制约人大行使职权的障碍,过于笼统,且缺乏说服力。实际上,兼职代表制是我国人大的重要制度特色,而人大会期偏短、代表数量众多不过是其衍生后果,它们并非一个层次的问题,不能也不应该相提并论。

二、兼职代表制与我国国家立法权配置的调整

关于调整我国国家立法权配置,主张应推动全国人大复归其位的学者,提出了激进和温和两个版本的方案。在激进论者看来,规模庞大因而难以有效运行,是全国人大采用"一院双层"组织形式的主因。因此,改革全国人大应当首先从控制规模入手,将代表

---

[1] 王汉斌:《王汉斌访谈录:亲历新时期社会主义民主法制建设》,中国民主法制出版社 2012 年版,第 159-160 页。

数量压缩至1100人以内,并限制代表兼职;既然代表数量已经控制在全国人大可以有效运行的范围内,并实行专职制度,那么,全国人大就无须常设的全国人大常委会的辅助,因而可以将"一院双层"的组织形式改造为典型的"一院制"。[1] 对温和论者来说,全国人大和全国人大常委会共同行使国家立法权的宪法设计并无问题,关键是扭转全国人大和全国人大常委会之间的结构性失衡,具体举措包括缩减代表数量、推进代表专职化,等等。[2]

在认为应当进一步扩大全国人大常委会立法权的学者看来,"全国人民代表大会不再行使立法权,使全国人大常委会成为一个完全的立法机关",只是其改革主张的第一步,组成人员专职化、延长会期等则是必不可少的配套措施。[3] 至于那些并无明显立场偏向的学者,同样将代表专职化、延长会期作为改革我国全国人大制度的必要选项。对于前者而言,"在现阶段,逐步实现全国人大及其常委会组成人员专职化的计划,不过是实现宪法规定的全国人大及其常委会履行国家最高权力机关的职权在组织程序和制度上的保障和体现"[4];而在后者眼中,"现行的会期制度给委员们审议法案的时间太少,造成法案的不充分审议和仓促通过。为了让法案得到充分的审议,保证审议质量,应适当延长常委会的会期"[5]。

---

[1] 参见朱应平:《论人大规模、结构及其重构》,载《华东政法学院学报》2004年第3期;邹平学:《中国代表制度改革的实证研究》,重庆出版社2005年版,第78-82页。

[2] 参见韩大元:《论全国人民代表大会之宪法地位》,载《法学评论》2013年第6期。

[3] 参见蔡定剑:《论人民代表大会制度的改革和完善》,载《政法论坛》2004年第6期。

[4] 周伟:《论全国人大及其常委会组成人员的专职化》,载《江苏行政学院学报》2009年第5期。

[5] 黎晓武:《论加强全国人大常委会委员的立法作用》,载《法律科学》1999年第2期。

由上可见，学者们一致地将矛头指向了兼职代表制及其相伴的会期短、代表规模大等问题。但在本书看来，借鉴自苏联苏维埃制度的兼职代表制，贯穿中国共产党设计和运作过的所有代议模式，自1954年宪法正式确立后，不仅沉淀为我国人大的制度传统与制度特色，而且已经形成了路径依赖，法律的相关规定即是明证。在代表仍实行兼职制的制度条件下，全国人大的会期难以延长、代表规模难以压缩，推动其复归宪法地位的改革方案也就只能停留在学术构想之中，难以实践操作。我国人大实行兼职代表制，而人大常委会组成人员也以兼职为原则，[1]因此，兼职代表制同样构成了强化全国人大常委会立法能力的内在约束条件。自1982年宪法开启专职化进程至今，党中央一直将专职化改革作为全国人大常委会改革的重要方向，多次强调要提高专职化程度，[2]但从实际构成来看，全国人大常委会组成人员仍然是专职和兼职相结合。与全国人大相比，全国人大常委会一直保持了较小的规模，十四届全国人大常委会组成人员175人，[3]也同样面临会期难以延长的难题，不过如前所述，常态化运行的委员长会议、法制工作委员会等内设职能机构能够有效弥补这一点。总而言之，调整我国国家立法权配置，兼职代表制的内在制约作用是无法回避的问题。

---

[1] 参见黄宇菲：《人大"专职委员"概念辨析》，载《人大研究》2020年第11期。

[2] 参见刘宝辉：《从代表专职化改革谈人民代表大会制度的完善》，载《河北法学》2016年第11期。

[3] 参见《中华人民共和国全国人民代表大会公告　第四号》，载《全国人民代表大会常务委员会公报》2023年第3号。

第二节　我国国家立法权配置进一步调整的制度资源

"如果我们把中国的人民代表大会制度看成是一架政治机器，那么设计和开动这架机器的主要角色，就是中国共产党。具体而言，设计这一套制度体系的主体，是中国共产党的中央委员会；运作这一套制度体系的主体，则主要是中国共产党的各级党委。"[1]作为我国人大制度的主要设计者，近年来党中央对如何坚持好、完善好、运行好人大制度作出了一系列决策部署，而人大系统的一些改革举措也直指人大与人大常委会结构性关系的调整，取得了一定的制度创新成果，为进一步调整我国国家立法权配置集聚了可资利用的制度资源。这集中体现在以下三个方面。

一、连续安排审议法律案，全国人大制定或修改法律成为新常态

且不论基本法律如何界定、效力如何，全国人大作为最高立法机关应当制定或修改法律并无疑问。1983年六届全国人大成立开始，很长时间内全国人大确实在行使立法权，每年至少制定或修改一部法律。第一次中断出现在1998年，九届全国人大第一次会议既未制定法律，也没有修改法律。在1998年至2014年的十七年间，每年的全国人大会议是否制定、修改法律并无规律可循，其中2002年、2003年等九个年份的全国人大会议既未制定法律，也没有修改法律。大体就在这一时期，学界开始关注全国人大立法职能弱化的问题，讨论基本法律的界定和效力等问题。不过，根据表

---

[1]　何俊志：《从苏维埃到人民代表大会制度——中国共产党关于现代代议制的构想与实践》，复旦大学出版社2011年版，第299页。

5-1 的统计,从 2015 年至 2024 年,全国人大已经连续十年每年都制定或修改法律。

表 5-1 2015 年至 2024 年全国人大制定或修改的法律

序号	时间	制定或修改的法律名称	提案主体
1	2024 年 3 月 11 日,十四届全国人大二次会议	修改《国务院组织法》	全国人大常委会
2	2023 年 3 月 13 日,十四届全国人大一次会议	修改《立法法》	全国人大常委会
3	2022 年 3 月 11 日,十三届全国人大五次会议	修改《地方各级人民代表大会和地方各级人民政府组织法》	全国人大常委会
4	2021 年 3 月 11 日,十三届全国人大四次会议	修改《全国人大组织法》《全国人大议事规则》	全国人大常委会
5	2020 年 5 月 28 日,十三届全国人大三次会议	制定《民法典》	全国人大常委会
6	2019 年 3 月 15 日,十三届全国人大二次会议	制定《外商投资法》	全国人大常委会
7	2018 年 3 月 20 日,十三届全国人大一次会议	制定《监察法》	全国人大常委会
8	2017 年 3 月 15 日,十二届全国人大五次会议	制定《民法总则》	全国人大常委会

续表

序号	时间	制定或修改的法律名称	提案主体
9	2016年3月16日，十二届全国人大四次会议	制定《慈善法》	全国人大常委会
10	2015年3月15日，十二届全国人大三次会议	修改《立法法》	全国人大常委会

在党中央的决策和推动下，全国人大制定或修改法律成为新常态。2014年党的十八届四中全会提出："健全法律法规规章起草征求人大代表意见制度，增加人大代表列席人大常委会会议人数，更多发挥人大代表参与起草和修改法律作用。"[1]而全国人大制定或修改法律正是"更好发挥人大代表参与起草和修改法律作用"的直接体现，因此，全国人大从2015年起连续十年制定或修改法律并非偶然。实际上，党中央作出上述要求后，省级人大制定或修改法规的数量也开始明显增多。[2] 2021年，党中央在此基础上进一步要求，"更好发挥人大代表在起草和修改法律法规中的作用，人民代表大会会议一般都应当安排审议法律法规案"[3]。

值得注意的是，从立法过程来看，全国人大制定或修改法律成为新常态，离不开全国人大常委会主动将法律案"提请"全国人大审议。如表5-1所示，最近十年全国人大制定或修改的法律，提案主体无一例外都是全国人大常委会。在全国人大常委会看来，提

---

[1]《中共中央关于全面推进依法治国若干重大问题的决定》，载《人民日报》2014年10月29日，第1版。

[2] 参见闫然：《地方立法统计分析报告：2022年度》，载《地方立法研究》2023年第1期。

[3]《法治中国建设规划（2020—2025年）》，载《人民日报》2021年1月11日，第1版。

请全国人大审议"重要法律案",既是贯彻落实党中央上述决策部署的具体举措,也是发挥人大及其常委会立法主导作用的重要体现。2018年3月11日,张德江在代表十二届全国人大常委会所作的五年工作报告中说:"加强立法组织协调,充分发挥人大及其常委会在立法工作中的主导作用。自2015年起,连续4年提请全国人民代表大会审议重要法律案。"[1]同时,这也印证了本文的分析和判断,即全国人大行使立法权高度依赖全国人大常委会。

二、拓展参与全国人大常委会立法渠道,发挥全国人大代表作用

在庆祝全国人大成立70周年大会上,习近平总书记强调,"必须坚持充分发挥人大代表作用"[2]。全国人大制定或修改法律,"更好发挥人大代表参与起草和修改法律作用",是直接发挥全国人大代表作用的形式。而在全国人大常委会主导国家立法的格局下,全国人大代表参与全国人大常委会立法,虽然是发挥全国人大代表作用的间接形式,却是更常规,也更可操作的形式。

2023年3月7日,就支持全国人大代表参与全国人大常委会工作,栗战书在代表十三届全国人大常委会所作的五年工作报告中指出:"邀请1026人次代表列席常委会会议,基本实现基层全国人大代表在任期内列席一次常委会会议。建立常委会会议期间召开列席代表座谈会机制,组织召开17次座谈会,770人次代表参加,就人大工作、民主法治建设、经济社会发展等方面提出意见建议。提请代表大会审议的宪法修正案草案和监察法、外商投资

---

〔1〕 张德江:《全国人民代表大会常务委员会工作报告——2018年3月11日在第十三届全国人民代表大会第一次会议上》,载《全国人民代表大会常务委员会公报》2018年第2号。

〔2〕 习近平:《在庆祝全国人民代表大会成立70周年大会上的讲话》,载《人民日报》2024年9月15日,第2版。

法、民法典、全国人大组织法、全国人大议事规则、地方组织法、立法法等法律草案,都提前组织代表研读讨论。常委会会议审议的36部法律草案,提前征求相关领域或具有相关专业背景代表的意见建议。有400多人次代表参加立法调研、起草、论证、评估工作,2000多人次代表参加执法检查、专题调研、计划和预算审查监督、国有资产管理情况监督等工作。"[1]此外,全国人大常委会还建立了联系代表机制。栗战书说:"委员长会议组成人员和常委会委员直接联系432名代表,形成专门委员会、工作委员会联系相关领域、具有相关专业知识代表的工作机制,通过座谈、走访、电话、邮件、微信、邀请参加调研等多种方式,加强同代表的经常性联系,做到联系工作覆盖基层一线和专业人员代表、覆盖常委会各项工作。"[2]

因此,目前全国人大代表参与全国人大常委会立法的制度渠道主要包括:第一,列席全国人大常委会会议,并通过列席代表座谈会机制向全国人大常委会提出意见建议;第二,参与全国人大常委会组织的研读讨论,提前了解全国人大常委会提请全国人大审议的法律案;第三,参与全国人大常委会提前组织的法律草案征求意见;第四,参与全国人大常委会的立法调研、起草、论证、评估等工作;第五,通过与委员长会议组成人员、全国人大常委会委员、专门委员会、工作委员会的日常联系机制,了解或参与全国人大常委会立法。

---

[1] 栗战书:《全国人民代表大会常务委员会工作报告——2023年3月7日在第十四届全国人民代表大会第一次会议上》,载《全国人民代表大会常务委员会公报》2023年第3号。

[2] 栗战书:《全国人民代表大会常务委员会工作报告——2023年3月7日在第十四届全国人民代表大会第一次会议上》,载《全国人民代表大会常务委员会公报》2023年第3号。

三、优化人员结构与组织制度,强化全国人大常委会立法能力

党的十八大以来,在对立法工作提出更高要求的同时,党中央也反复强调要提高全国人大常委会立法能力。综合来看,强化全国人大常委会立法能力的具体路径主要有以下两个:一是优化全国人大常委会组成人员结构;二是健全全国人大常委会组织制度。例如,党的十八大报告指出:"健全国家权力机关组织制度,优化常委会、专委会组成人员知识和年龄结构,提高专职委员比例,增强依法履职能力。"[1]再如,党的十九大报告要求:"完善人大专门委员会设置,优化人大常委会和专门委员会组成人员结构。"[2]从实践来看,在优化人员结构方面,2018年全国人大常委会组成人员换届时,在十个专门委员会对应的领域,从中央机关和高校选拔局级干部担任"专职委员"。[3] 至于组织制度的健全,主要体现在设立社会建设委员会,内务司法委员会更名为监察和司法委员会,法律委员会更名为宪法和法律委员会。随着人员的优化与组织的健全,全国人大常委会立法能力势必将获得进一步的提升。

第三节 我国国家立法权配置进一步调整的主要方案

客观而言,近年来党中央的上述改革在强化全国人大立法职

---

〔1〕 胡锦涛:《坚定不移沿着中国特色社会主义道路前进 为全面建成小康社会而奋斗——在中国共产党第十八次全国代表大会上的讲话》,载《人民日报》2012年11月18日,第1版。

〔2〕 习近平:《决胜全面建成小康社会 夺取新时代中国特色社会主义伟大胜利——在中国共产党第十九次全国代表大会上的报告》,载《人民日报》2017年10月28日,第1版。

〔3〕 参见黄宇菲:《人大"专职委员"概念辨析》,载《人大研究》2020年第11期。

能方面有所推进,全国人大制定或修改法律已经成为新常态,全国人大代表参与全国人大常委会立法的制度渠道也在不断拓宽,并从制度层面正式确立下来。尽管如此,我们必须认识到,这些改革举措既没有从根本上改变全国人大立法能力不足的现实问题,也并未彻底扭转全国人大与全国人大常委会关系的结构失衡,反而更加凸显全国人大行使立法职能离不开全国人大常委会的支持与协助。因此,进一步调整我国国家立法权配置,很难改变已经形成的路径依赖而另起炉灶,更应当在现有改革思路与制度资源的基础上进行。

一、坚持全国人大常委会主导地位,强化全国人大代表有效参与

全国人大常委会主导国家立法的格局既是在长期历史变迁中形成的,也是立法实践证明有效的。在兼职代表制下,全国人大必须保持庞大的代表规模,以体现最高权力机关的广泛代表性,同时实行短会期制,仅能在有限的时间里履行最高立法机关的立法职能。代表兼职以及规模庞大、会期短暂因此决定了全国人大立法能力不足,且简单的制度微调难以实现改观。因此,在立法需求的刺激下,在党中央决策的推动下,我国国家立法权配置的重心从全国人大转移到它的常设机关全国人大常委会,与立法权配置相配套的立法职能机构和立法程序也逐渐向全国人大常委会倾斜。这一系列制度变革的结果是,全国人大常委会在自身立法能力越来越强、立法表现越来越好的同时,通过先行审议全国人大法律案这一程序制度,主导了全国人大立法进程,不仅实现了"程序性扩权",[1]而且彻底改变了与全国人大的结构性关系。最终,全国人

---

[1] 参见赵一单:《论基本法律的程序性判断机制》,载《政治与法律》2018年第1期。

大和全国人大常委会在长期的立法实践中发生了权力分工并完成了角色分化:全国人大常委会历经全面的制度建设,不仅组织复杂、程序细密,而且专业高效,成为"全国人大的日常立法机关";[1]全国人大主要是在授权全国人大常委会制定法律、审议全国人大先行审议过的法律案两个方面行使立法职能,更多是象征性的。实际上,二者的角色分化并不只限于立法领域,在人大监督、决定等领域,皆是如此。正如韩大元所言:"原先所设定的大会与常委会的基本构造,已经发生结构性变革,由大会的实质最高地位逐渐转变为形式最高地位,由常委会对大会的从属性逐渐转变为常委会的主导性。"[2]

全国人大常委会主导全国人大立法,以至于主导整体国家立法,具有明显的效率优势,但并不意味着全国人大常委会能够完全取代全国人大立法。因为从功能上看,全国人大和全国人大常委会明显有别。"具体而言,大会所承载的主要功能是民主代议,而常委会则更侧重于有效决策。全国人大必须具有广泛的代表性,才能落实人民当家作主的原则、专注于与国家长治久安息息相关的重大决策;全国人大常委会则必须更为精简高效,才能做出更多日常性的重要决策。"[3]因此,党的十九大报告、二十大报告反复强调:"支持和保证人民通过人民代表大会行使国家权力。"[4]近

---

[1] 参见黎晓武:《论加强全国人大常委会委员的立法作用》,载《法律科学》1999年第2期。

[2] 韩大元:《论全国人民代表大会之宪法地位》,载《法学评论》2013年第6期。

[3] 林彦:《维护全国人民代表大会的民主功能——兼评〈全国人大组织法〉(修正草案)》,载《法学评论》2020年第6期。

[4] 习近平:《决胜全面建成小康社会 夺取新时代中国特色社会主义伟大胜利——在中国共产党第十九次全国代表大会上的报告》,载《人民日报》2017年10月28日,第1版;习近平:《高举中国特色社会主义伟大旗帜 为全面建设社会主义现代化国家而团结奋斗——在中国共产党第二十次全国代表大会上的报告》,载《人民日报》2022年10月26日,第1版。

年来,全国人大制定或修改法律成为新常态,全国人大代表通过多种渠道参与全国人大常委会立法,都是人民通过人民代表大会行使国家权力的具体体现,区别在于前者是直接体现,后者则属于间接形式。如前所述,全国人大连续十年制定或修改法律,离不开全国人大常委会主动将法律案提请其审议。由此可见,"人民通过人民代表大会行使国家权力"的效果如何,不可能抛开全国人大常委会而单独通过全国人大实现,仍然需要全国人大常委会发挥建设性作用。

因此,在全国人大常委会主导全国人大立法格局不变的情况下,"支持和保证人民通过人民代表大会行使国家权力",关键在于提高全国人大代表参与全国人大常委会立法的有效性。整体来看,目前全国人大代表参与全国人大常委会立法的做法都较为形式,很难产生实质性影响。结合前文对全国人大常委会先行审议全国人大法律案制度的分析,其虽然已经一定程度上起到了扩大全国人大代表立法参与的功能,但在本文看来仍然存在提升的制度空间,主要是通过赋予全国人大代表启动先行审议的主体资格,使其能够以联名的方式将法律案提交全国人大常委会先行审议,进而启动立法程序,具体阐述则留待下文。

二、不变立法权配置变程序,充分发挥全国人大常委会建设作用

2023年第二次修改《立法法》,针对明确我国国家立法权配置的意见,全国人大常委会法制工作委员会有关人员作出了如下回应:"实践中,哪些法律由全国人民代表大会通过,受诸多因素影响,将全国人民代表大会和全国人大常委会的立法权限划分得泾渭分明,难度大,必要性不大。"[1]必要性是否充分或可争论,但

---

[1] 童卫东:《新〈立法法〉的时代背景与内容解读》,载《中国法律评论》2023年第2期。

是,"将全国人民代表大会和全国人大常委会的立法权限划分得泾渭分明,难度大",则是不争的事实,因为不管是宪法史的追寻原意,还是理论界的解释尝试,都很难得出各方接受且行之有效的解决方案。在笔者看来,"不变立法权配置变程序",或许是破局之道。前文已述,影响乃至改变全国人大和全国人大常委会结构性关系的,除了实体性的因素,即全国人大立法能力不足且难以提高,还有程序性因素。[1] 既然如此,在实体性因素难以改观的限制下,从程序制度入手或许能起到意想不到的效果。

"不变立法权配置变程序",在笔者看来,主要是指改革全国人大常委会先行审议全国人大法律案制度。简单来说,先行审议制度影响了全国人大代表提案权和全国人大立法权的行使:其一,在缺乏明文规定的情况下,全国人大代表不具备先行审议提案主体资格,导致全国人大代表无法通过联名的方式将法律案提交全国人大常委会先行审议;其二,由于先行审议已经成为全国人大立法的前置程序,全国人大常委会可以借助该程序影响全国人大的立法进行。一言以蔽之,先行审议这一程序性制度产生了非预期的实体性后果。至于先行审议的正面功效,除了前文的具体论述外,也可以归结为一句与主流认识不同的话,即全国人大常委会能够对全国人大立法发挥建设性作用。因此,控制其负面影响并放大其正面功效,使全国人大常委会对全国人大立法的建设性作用发挥得更加充分有效,是改革全国人大常委会先行审议全国人大法律案制度的核心思路,具体举措分述如下。

第一,规范先行审议提案制度。提出法律案是立法程序的启动环节,也是开展审议的前提条件。先行审议也不例外。但设计

---

[1] 参见赵一单:《论基本法律的程序性判断机制》,载《政治与法律》2018 年第 1 期。

立法程序的《全国人大组织法》《全国人大议事规则》《全国人大常委会议事规则》等法律,尽管都详细地规定了向全国人大、全国人大常委会提出法律案的主体与程序,却未对先行审议提案制度作出规定。此外,根据上述法律规定,法定提案主体不能向受案主体提出超出其职权范围的议案,即法定提案主体只能向全国人大常委会提出属于其职权范围内的议案。也就是说,制定或修改基本法律的法律案只能向全国人大提出;倘若全国人大常委会接受了全国人大职权范围内的法律案即是越权,因为关于法律案的提出与接受,我国法律明文规定了"单项"限制性要求,即只约束受案主体接受法律案的范围,而不限制提案主体的提出事项范围。[1] 先行审议制度的存在和运行,显然突破了这一限定,因为它意味着全国人大常委会接受了属于全国人大职权范围内的法律案。

先行审议提案制度除了有突破法律规定之嫌外,也应当适度扩大提案主体的范围。根据官方的权威解释,先行审议环节的提案主体,"应当是有权向全国人大提出又同时有权向常委会提出法律案的主体"[2],并非所有有权向全国人大提出法律案的主体都具备启动先行审议的资格。首先,全国人大常委会不可能将法律案提交自己审议;其次,全国人大主席团、全国人大代表团只存在于全国人大会议期间,不存在向全国人大常委会提出法律案的问题;最后,全国人大代表联名向全国人大常委会提出法律案,显然不符合法律的明确规定,同样地,十人以上的全国人大常委会组成人员联名向全国人大常委会提出属于全国人大职权范围内的法律案,也有悖于职权法定原则,所以被排除在外。因此,国务院、中央

---

[1] 参见徐向华主编:《立法学教程》(第2版),北京大学出版社2017年版,第169–170页。
[2] 全国人大常委会法制工作委员会国家法室编著:《中华人民共和国立法法释义》,法律出版社2015年版,第82页。

军事委员会、最高人民法院、最高人民检察院、全国人大各专门委员会作为启动先行审议的提案主体,虽然于法无据,但至少形式上并未突破法律限制。但是,全国人大代表被排除在先行审议提案主体之外,既妨碍了先行审议制度扩大全国人大代表立法参与的制度功能,也不利于解决如何有效发挥人大代表提案权的实践难题。[1] 实践中已经出现了这样的案例,全国人大代表联名提出法律议案,获得全国人大常委会的重视,并最终推动立法:2007年,全国人大常委会第一次修改《民事诉讼法》,法律草案就是以江必新等30名全国人大代表联名提出的议案和建议稿为基础形成的。在十一届全国人大第一次会议上所作的五年工作报告中,时任全国人大常委会委员长吴邦国将其作为"代表议案在立法工作中的作用得到进一步发挥"的代表工作亮点,向全国人大汇报。[2] 为进一步发挥全国人大代表的立法作用,强化先行审议制度扩大全国人大代表立法参与的功能,法律应当明确赋予全国人大代表联名提出先行审议法律案的主体资格。

第二,改革先行审议的审议程序。先行审议重在审议。前文的分析,既说明了先行审议在提高全国人大立法质量、扩大全国人大代表立法参与、增强全国人大立法公开性等方面所起到的积极作用,也揭示了其中潜藏的重要问题,即全国人大常委会在效率逻辑的驱动下,为了尽快出台法律,避免因等待全国人大召开会议而耽误政策时机,可能会在先行审议的审议环节,通过修改法律草案基本法律定性的方式,将原本应当随后提交全国人大正式审议的基本法律草案改为自己通过,前文论及的《农业法》即是如此。由于先行审议的审议程序与全国人大常委会固有的立法程序并无实

---

〔1〕 参见胡弘弘:《论人大代表提案权的有效行使》,载《法学》2012年第5期。
〔2〕 参见《吴邦国论人大工作》(下),人民出版社2017年版,第414页。

质区别，反而是混同在一起的，因此，通过在审议环节修改法律草案定性的方式来影响一部法律命运的可能性就难以避免。

党中央作出"推出合宪性审查工作"的政治决策后，2018年宪法修正案将全国人大"法律委员会"更名为"宪法和法律委员会"，全国人大常委会赋予其"推进合宪性审查"的职责，我国迈入了"合宪性审查时代"。[1] 2023年修改后的《立法法》第36条增加规定，在统一审议法律草案的过程中，宪法和法律委员会对涉及的合宪性问题应当在修改情况的汇报或者审议结果报告中予以说明。也就是说，宪法和法律委员会承担了事前控制法律草案合宪性的职责。因此，全国人大常委会制定的法律是否超出了非基本法律的宪法约束，以及全国人大常委会行使基本法律修改权是否符合宪法要求，理应在宪法和法律委员会的合宪性审查职责范围内。事实上，此前修改《人民法院组织法》和《人民检察院组织法》，在法律草案审议过程中，针对此次修改是否符合"部分补充和修改"的宪法争议，宪法和法律委员会进行了合宪性审查并作了说明。[2] 其审查结论是否妥当姑且不论，但这一新动态至少为解决今后立法过程中可能出现的基本法律相关争议提供了契机。

第三，明确全国人大常委会先行审议与全国人大正式审议的衔接规则。《农业法》在先行审议过程中被"降格"处理之所以能够发生，除了审议程序的不足外，还因为全国人大常委会先行审议后"决定提请"全国人大正式审议的决定权是实质上的决定权。因此，就理顺全国人大常委会先行审议和全国人大正式审议的关系

---

〔1〕参见张翔：《"合宪性审查时代"的宪法学：基础与前瞻》，载《环球法律评论》2019年第2期。

〔2〕参见沈春耀：《全国人民代表大会宪法和法律委员会关于〈中华人民共和国人民法院组织法（修订草案）〉审议结果的报告》《全国人民代表大会宪法和法律委员会关于〈中华人民共和国人民检察院组织法（修订草案）〉审议结果的报告》，载《全国人民代表大会常务委员会公报》2018年第6号。

来说，明确二者的衔接规则是值得考虑的改革方向。

考虑到先行审议制度的创立初衷是辅助全国人大立法，为正式审议做准备、打基础，因此可以修改《立法法》第 19 条，将全国人大常委会先行审议后"决定提请"全国人大审议，修改为"应当提请"，从而为全国人大常委会施加明文约束。为确保这一制度设计能够落实，还应当调整提出和审议先行审议法律案时的两点做法。第一点与规范先行审议提案制度相关，即改革先行审议法律案的作出说明制度。既然先行审议法律案是向全国人大常委会提出的，在初次审议时，提案主体就应当在全国人大常委会会议上向全体组成人员作出说明，而不是像目前这样，只有到了全国人大正式审议时才向大会作说明。第二点则与改革先行审议程序相关，具体而言，宪法和法律委员会在审议先行审议法律案时，应当就该法律草案是否属于基本法律进行专门的合宪性审查，并将结论写入审议报告之中。以上举措分别在审议前、审议中和审议后三个阶段标识和认定先行审议的特殊性，即全国人大常委会是在先行审议全国人大法律案而不是审议其职权范围内的法律案，从而将全国人大常委会的先行审议程序和法定程序相对区分开。

延续"不变立法权配置变程序"的思路，与改革先行审议制度相配合，区分基本法律和非基本法律也应当从程序入手。首先，立法规划明确哪些法律案属于后续应当提交全国人大审议的基本法律。实际上，全国人大常委会第一个立法规划即七届全国人大常委会立法规划，已经明确注明银行法、工会法、妇女权益保障法、代表法、科技进步法等五部法律的制定，以及个人所得税法的修订，应当将法律草案提请全国人大审议。[1]最近的十四届全国人大

---

[1] 参见《七届全国人民代表大会常务委员会立法规划（1991 年 10 月—1993 年 3 月）》，载全国人大常委会法制工作委员会立法规划室编：《中华人民共和国立法统计 2023 年版》，中国民主法制出版社 2024 年版，第 307—308 页。

常委会立法规划尽管"对代表大会审议法律案专题研究,并作出统筹考虑",[1]但从最终的结果来看,立法规划并未注明哪些法律后续将提请全国人大审议。其次,借鉴《香港特别行政区基本法》《澳门特别行政区基本法》的命名方式,在基本法律的标题中直接冠以"基本"的字样,如将《全国人大组织法》命名为《全国人民代表大会组织基本法》,或者在基本法律文本中专设一条或一款,明确规定其为基本法律。最后,为了避免基本法律修改权引起争议,还可以考虑采用明确设置"修改权条款"的方式,限制全国人大常委会的基本法律修改权。正如刘怡达所言,"全国人大在制定某部法律的同时,规定该法律只能由其进行修改,乃是对基本法律修改权的自我保留"。[2] 如《香港特别行政区基本法》第 159 条第 1 款明确规定,"本法的修改权属于全国人民代表大会",《澳门特别行政区基本法》也作了类似的规定。总而言之,采取以上举措意味着,从启动立法到最终通过,至少在形式上将基本法律与非基本法律区分开来。

第四节　我国国家立法权配置进一步调整的配套措施

不管是坚持全国人大常委会主导地位,强化全国人大代表有效参与,还是不变立法权配置变程序,充分发挥全国人大常委会建设作用,全国人大及其常委会要成为"全面担负宪法法律赋予的各项职责的工作机关、始终同人民群众保持密切联系的代表机关",

---

〔1〕 参见黄庆畅:《全国人大常委会法工委有关负责人就十四届全国人大常委会立法规划答记者问》,载《人民日报》2023 年 9 月 8 日,第 4 版。

〔2〕 刘怡达:《论全国人大的基本法律修改权》,载《环球法律评论》2023 年第 5 期。

关键在于全国人大常委会。具体到立法领域,全国人大常委会自身的制度建设,不仅影响到全国人大及其常委会能否全面担负起宪法法律赋予的立法职能,而且关系到全国人大及其常委会如何成为始终同人民群众保持密切联系的代表机关。加强全国人大常委会自身建设是一个复杂的系统工程,本文的初步想法是从规模、构成和组织三个方面予以推进。

一、扩大全国人大常委会的规模

与规模庞大的全国人大相比,全国人大常委会的规模始终保持在较小的水平上,至今只有不足 200 名组成人员。规模上的差异使得全国人大和全国人大常委会面临不同的问题:对前者而言,过于庞大的规模造成全国人大议事只能分割为更小的单元,由规模相对较小的代表团进行;而对于后者来说,过小的规模使得全国人大常委会存在代表性不足的问题。

全国人大常委会组成人员承担的是"常务代表"的职责,对于广土众民的我国来说,其规模应当与我国的治理规模相适应。尤其是考虑到全国人大常委会对国家立法的主导作用,与其让全国人大代表间接地参与全国人大常委会立法,不如让更多的全国人大代表能够直接进入全国人大常委会,成为"常务代表",在立法过程中更充分更直接地代表人民表达利益诉求。至于应当将全国人大常委会的规模扩大到什么水平,则需要根据实践稳妥推进,可以考虑以逐届增加的方式进行。

二、优化全国人大常委会的构成

根据宪法及法律的相关规定,全国人大常委会的组成人员除应当包括适当数量的少数民族外,别无其他要求,也就是说,全国人大常委会的构成必须考虑民族因素。实践中,全国人大常委会组成人员主要由民主党派领导人、全国妇联等群团组织领导人、军队领导人、卸任省部级领导以及来自地方的代表构成。[1] 这样的构成表明,全国人大常委会组成人员的产生并未按照地域代表制的要求分配名额,即未以地域为基础产生组成人员。相反,统计数据表明,自六届以来,全国人大常委会六成以上的组成人员皆属于"在京委员",并且这一比例还在逐步增高。[2] 六成以上的组成人员"在京"意味着,这些组成人员长期工作和生活在北京,相应地,在地域上也更多地代表北京。总而言之,目前组成人员的构成特点决定了全国人大常委会在利益衡量上更倾向于北京,其他地方的利益由于缺乏本地代表而处于劣势。

我国是广土众民的大国,全国人大常委会在立法过程中应当充分考虑地域差别,尤其是目前不同地域之间发展水平不平衡甚至差异极大的情况下,地域因素更应当作为立法考量的重要因素。全国人大常委会组成人员参与立法是最重要的利益表达渠道,也是制度化的利益表达机制。所以,未来应当在组成人员名额分配中引入地域代表制,由来自地方的组成人员代表各地不同的利益,从而增强全国人大常委会立法的地域利益整合程度。这一点可以与扩大全国人大常委会的规模一并考虑、统筹安排,即以逐步增加来自地方的全国人大常委会组成人员人数的方式扩大其规模。

三、改革全国人大常委会的组织

目前,全国人大常委会的立法职能机构主要包括委员长会议、

---

[1] 参见林彦:《从来自地方,到代表地方:全国人大常委会应适度引入地域代表制》,载《中国法律评论》2018年第1期。

[2] 参见林彦:《从来自地方,到代表地方:全国人大常委会应适度引入地域代表制》,载《中国法律评论》2018年第1期。

专门委员会和法制工作委员会,且三者在立法互动过程中形成了行政化的组织和运行方式。总体而言,全国人大常委会的行政化色彩较重。为增强全国人大常委会立法的民主性,应着手从以下三个方面改革全国人大常委会的组织。

第一,设立专门的程序委员会负责立法过程中的程序性事项。目前,全国人大常委会的立法程序主要由委员长会议负责,如会议议程即由委员长会议起草甚至决定;再如,立法规划由委员长会议通过并公布。实践中,由于委员长会议掌握了程序性事项的决定权,使其能够主导全国人大常委会的立法进程,全国人大常委会自主性相对不足。为了从程序上增强立法的民主性,充分发挥全国人大常委会组成人员的作用,可以考虑将程序性事项的决定权从委员长会议中剥离出来,交由专门的程序委员会负责。这也是域外立法机关的通例。这样一来,委员长会议及其中的党组和专门的程序委员会就能形成分工,前者负责落实党的领导,主要从实体上进行把关,而后者则从程序上引导全国人大常委会的立法进程。

第二,合理划分各专门委员会之间的立法管辖范围。这主要是为了解决宪法和法律委员会掌握统一审议权,一定程度上抑制了其他的专门委员会的积极性的问题。因此,各专门委员会应当依照各自的专业领域划分管辖范围,分别审议各自管辖范围内的法律案,废止目前的宪法和法律委员会统一审议制度。而法律案的具体分派以及各专门委员会之间管辖权的争议,则交由新设立的程序委员会负责。这有助于强化各专门委员会之间的专业分工,充分发挥它们在人员和知识构成上的专业优势。

第三,加强专门委员会的立法辅助机构建设,充实立法辅助机构的人力资源。全国人大常委会目前最重要的立法辅助机构是法制工作委员会,它集中了一大批立法工作人员。但问题是,法制工作委员会主要服务于宪法和法律委员会,其人员和效能远胜于其他专门委员会的辅助机构。这更加剧了各专门委员会之间立法能力的不平衡甚至不平等。因此,应从增加各专门委员会的立法辅助人员、强化相应的立法辅助机构入手,更好地发挥各专门委员会的作用。

结束语

站在全国人大成立七十周年的历史节点上回望我国国家立法权配置的发展与变迁,可以发现贯穿我国国家立法权静态配置和动态运行的连续性,即坚持"一院双层"的组织形式不变,逐步将国家立法的重任置于全国人大常委会之上。从1954年宪法规定全国人大"是行使国家立法权的唯一机关",到1955年、1959年分别授权全国人大常委会制定、修改法律,再到1982年宪法精心设计后规定全国人大和全国人大常委会分工配合、共同行使国家立法权,宪法在保持全国人大最高权力机关和最高立法机关地位不变的同时,逐步将国家立法权从全国人大转移到全国人大常委会。"宪制创新"[1]完成后,《立法法》

---

[1] 在田雷看来,1982年宪法扩大全国人大常委会的职权并加强其组织,是"重大宪制创新"。参见田雷:《奠定"法制建设的基础"——"八二宪法"与五届全国人大的历史行程》,载《地方立法研究》2021年第6期。

等"通过法律发展宪法",从立法程序等方面配合并促进了国家立法权配置重心的进一步转移。通过立法规划规划立法,宪法和法律委员会统一审议、全国人大常委会先行审议全国人大法律案等立法制度的诞生和强化,无不是为了充实和提高全国人大常委会的立法能力,使之能够及时为国家和社会建章立制。

"全国人大的存在和发展一直都要依赖于其能够适应政治和社会经济环境的变迁"[1]。从改革开放之初的"有法可依",到中国特色社会主义法律体系形成后的"科学立法",虽然法治建设的指导方针在变,但立法始终处于我国法治建设的第一线,全国人大和全国人大常委会更是一马当先。为了履行宪法和法律赋予的职责,更是为了满足时代之需,在全国人大面临各方面约束难以提高自身效能的现实语境下,全国人大常委会在立法实践中不断探索能够提升立法效率的有效制度,经实践证明成功后,再适时将其提炼上升为正式立法制度。在改革开放至今的四十余年时间里,除了立法规划的制定、宪法和法律委员会统一审议全国人大法律案、全国人大常委会先行审议全国人大法律案,委员长会议领导核心地位的确立,以宪法和法律委员会为中心的专门委员会体制的形成,宪法和法律委员会与法制工作委员会的紧密配合,同样都经历了"在有效性中累积合法性"的制度变迁。在更快更好地完成立法任务的制度环境刺激下,全国人大及其常委会的制度建设取得了长足的进步,发展出一系列兼具有效性和合法性的立法制度并予以巩固定型。这其中,全国人大常委会的立法能力越来越强,运行效率越来越高,成为主导我国国家立法的"日常立法机关"。[2]

---

〔1〕 孙哲:《全国人大制度研究(1979—2000)》,法律出版社 2004 年版,第 312 页。
〔2〕 参见黎晓武:《论加强全国人大常委会委员的立法作用》,载《法律科学(西北政法学院学报)》1999 年第 2 期。

随着立法职权的扩大、立法能力的增强以及立法效率的提升，全国人大常委会主导国家立法的格局已经形成。这导致了两个结果：第一，全国人大及其常委会的整体立法表现得到根本改观，不仅全国人大及其常委会立法的数量大幅度增加，截至2024年11月8日，包括宪法在内，我国现行有效的法律达到了305件，而且全国人大及其常委会的立法构成了法律体系的主干，引领了中国特色社会主义法律体系形成与完善。这些法律中的绝大部分由全国人大常委会制定或修改，其余的法律则经过了"双重审议"，先由全国人大常委会进行两次乃至更多次的先行审议，再由全国人大正式审议并通过。从功能上看，全国人大常委会的先行审议有效弥补了全国人大立法能力的不足，使之得以利用全国人大常委会内部立法职能机构专业高效的优势，助力立法工作的开展；从制度上看，全国人大常委会凭借先行审议得以主导全国人大的立法进程，撬动了二者关系的长期性、结构性变化。就此而言，全国人大常委会日益强化的地位、越发突出的表现既与我国国家立法权配置重心的变化趋势相一致，也产生了制度设计之初所难以预见的"非预期后果"。

第二，全国人大的组织形式实现了制度性变革。根据宪法和法律的相关规定，全国人大是最高立法机关，由其产生的全国人大常委会是其常设机关，而与全国人大常委会一道产生的委员长会议，根据1982年宪法的原意只是常设机关中"处理重要日常工作"的职能机构。这种"一院双层"的组织形式既延续了社会主义代议机关一贯的传统，在院制之外将代议机关分为非常设和常设两个"层次"，也是为满足我国人大制度实际需要的宪法设计，体现在设立委员长会议，作为"为更好地发挥全国人民代表大会常务委员会作用所创造的一种有效组织形式"。[1] 不过，静态的文本规范已

---

〔1〕 参见肖蔚云：《我国现行宪法的诞生》，北京大学出版社2024年版，第192页。

经被动态的立法实践所重塑：一方面，全国人大常委会通过先行审议等渠道主导了全国人大立法，哪些法律由全国人大制定或修改，取决于全国人大常委会是否提请全国人大审议；另一方面，从提出法律案之前的立法规划的制定，到法律草案表决稿是否提交全国人大常委会全体会议表决，全国人大常委会立法的关键节点都要通过委员长会议的把关，换言之，委员长会议实际上领导并主导了全国人大常委会的立法运作。因此可以说，"全国人大—全国人大常委会—委员长会议"的"倒金字塔"式组织形式，已经趋向于"委员长会议—全国人大常委会—全国人大"的"金字塔"形的组织形式。众所周知，层级分明、纵向节制的组织形式是典型的现代科层行政制的产物。在这种行政式组织形式和运作模式下，人数越少的会议层次实际决策权越大，效率也更高。在层层驱动下，全国人大"科层制逻辑日益强化"的同时，整体上"正在不断成为有效率的组织"。[1]

概括而言，全国人大常委会主导国家立法格局的形成，既是制度环境与现实条件双重力量塑造的结果，又是全国人大常委会在立法实践中长期探索、主动创造并经实践证明有效的产物。单看静态的制度文本，全国人大制度以及相应的国家立法权配置似乎变动不大，现有制度框架自 1982 年宪法修改后整体上一直保持稳定。而一旦将目光投向动态运作，从组织形式到权力行使，我国国家立法制度已经发生了深刻的变化并将继续在实践的推动下发生变迁。在变与不变之间，如何拨开话语的迷雾，提炼并概括我国人大制度已经沉淀的传统，同时又保持开放的心态，发觉并容纳我国人大制度变迁的新动向，是对我们人大研究者心智的一项长期考验。

---

[1] 参见张紧跟：《科层制还是民主制？——改革年代全国人大制度化的内在逻辑》，载《复旦学报（社会科学版）》2013 年第 5 期。

参考文献

一、专著

1. 中共中央马克思恩格斯列宁斯大林著作编译局编译:《斯大林文选》(上),人民出版社1962年版。

2. [美]汉密尔顿、杰伊、麦迪逊:《联邦党人文集》,程逢如、在汉、舒迅译,商务印书馆1980年版。

3. [美]威尔逊:《国会政体——美国政治研究》,熊希龄、吕德本译,商务印书馆1986年版。

4. 彭真:《论新时期的社会主义民主与法制建设》,中央文献出版社1989年版。

5. [日]岩井奉信:《立法过程》,李薇译,经济日报出版社1990年版。

6.《彭真文选》,人民出版社1991年版。

7. 全国人大常委会办公厅研究室编:《中华人民共和国人民代表大会文献资料汇编》,中国民主法制出版社 1991 年版。

8. 全国人大常委会办公厅研究室编著:《人民代表大会制度建设四十年》,中国民主法制出版社 1991 年版。

9. 刘政、边森龄、程湘清主编:《人民代表大会制度词典》,中国检察出版社 1992 年版。

10.《邓小平文选》(第 3 卷),人民出版社 1993 年版。

11.《胡乔木文集》(第 2 卷),人民出版社 1993 年版。

12. 彭冲:《民主法制论集》,中国民主法制出版社 1993 年版。

13. 戴学正等编:《中外宪法选编》,华夏出版社 1994 年版。

14. 蒋劲松:《议会之母》,中国民主法制出版社 1998 年版。

15. 刘政、于友民、程湘清主编:《人民代表大会工作全书(1949—1998)》,中国法制出版社 1999 年版。

16. 刘政、程湘清:《民主的实践——全国人民代表大会及其常委会的组织和运作》,人民出版社 1999 年版。

17. 张春生主编:《中华人民共和国立法法释义》,法律出版社 2000 年版。

18. [美]彼得·布劳、马歇尔·梅耶:《现代社会中的科层制》,马戎、时宪民、邱泽奇译,学林出版社 2001 年版。

19. 蔡定剑:《中国人民代表大会制度》,法律出版社 2003 年版。

20. 孙哲:《全国人大制度研究(1979—2000)》,法律出版社 2004 年版。

21. 肖蔚云:《论宪法》,北京大学出版社 2004 年版。

22. 何俊志:《制度等待利益——中国县级人大制度模式研究》,重庆出版社 2005 年版。

23. 许崇德:《中华人民共和国宪法史》(下卷),福建人民出版社 2005 年版。

24. 张庆福、韩大元主编:《1954 年宪法研究》,中国人民公安大学出版社 2005 年版。

25. 周成奎:《浮光集》,中国民主法制出版社 2006 年版。

26. 周伟:《各国立法机关委员会制度比较研究》,山东人民出版社 2005 年版。

27. 李鹏:《立法与监督:李鹏人大日记》,新华出版社、中国民主法制出版社 2006 年版。

28. 蔡定剑:《宪法精解》,法律出版社 2006 年版。

29. 周旺生:《立法学教程》,北京大学出版社 2006 年版。

30. 陈斯喜:《人民代表大会制度概论》,中国民主法制出版社 2008 年版。

31. 乔晓阳主编:《中华人民共和国立法法讲话》,中国民主法制出版社 2008 年版。

32. 王培英编:《中国宪法文献通编(修订版)》,中国民主法制出版社 2007 年版。

33. [美]道格拉斯·C. 诺思:《制度、制度变迁与经济绩效》,杭行译,格致出版社、上海人民出版社 2008 年版。

34. 杨景宇:《法治实践中的思考》,中国法制出版社 2008 年版。

35. 朱光磊:《当代中国政府过程》(第 3 版),天津人民出版社 2008 年版。

36. 刘建军、何俊志、杨建党:《新中国根本政治制度研究》,上海人民出版社 2009 年版。

37. 韩大元主编:《公法的制度变迁》,北京大学出版社 2009 年版。

38. 易有禄:《各国议会立法程序比较》,知识产权出版社 2009 年版。

39. 易有禄:《立法权的宪法维度》,知识产权出版社 2010 年版。

40. 尹中卿等:《国外议会组织架构和运作程序》,中国民主法制出版社 2010 年版。

41. 尹中卿等:《中国人大组织构成和工作制度》,中国民主法制出版社 2010 年版。

42. 朱景文主编:《中国人民大学中国法律发展报告 2010:中国立法 60 年——体制、机构、立法者、立法数量》,中国人民大学出版社 2011 年版。

43. 何俊志:《从苏维埃到人民代表大会制——中国共产党关于现代代议制的构想与实践》,复旦大学出版社 2011 年版。

44. 姜峰:《立宪选择中的自由与权威——联邦党人的政治与宪法思想》,法律出版社 2011 年版。

45. 王汉斌:《社会主义民主法制文集》,中国民主法制出版社 2012 年版。

46.《彭真传》编写组编:《彭真年谱(1902—1997)》(第 5 卷),中央文献出版社 2012 年版。

47. 钱穆:《中国历代政治得失》,九州出版社 2012 年版。

48. 乔石:《乔石谈民主与法制》,人民出版社 2012 年版。

49. 王汉斌:《王汉斌访谈录:亲历新时期社会主义民主法制建设》,中国民主法制出版社 2012 年版。

50. 何俊志:《作为一种政府形式的中国人大制度》,上海人民出版社 2013 年版。

51. 姜峰:《立宪主义与政治民主:宪法前沿十二讲》,华中科技大学出版社 2013 年版。

52. 全国人大常委会法工委立法规划室编：《中华人民共和国立法统计：2013 年版》，中国民主法制出版社 2013 年版。

53. 萨孟武：《政治学与比较宪法》，商务印书馆 2013 年版。

54. 孙谦、韩大元主编：《立法机构与立法制度：世界各国宪法的规定》，中国检察出版社 2013 年版。

55. 孙谦、韩大元主编：《宪法实施的保障：世界各国宪法的规定》，中国检察出版社 2013 年版。

56. 韩大元：《1954 年宪法制定过程》，法律出版社 2014 年版。

57. 李勇军：《当代中国组织网络及其控制问题研究》，天津人民出版社 2014 年版。

58. ［美］罗斯金等：《政治科学》（第 12 版），林震等译，中国人民大学出版社 2014 年版。

59. 高秉雄、苏祖勤：《中外代议制度比较》，商务印书馆 2014 年版。

60. 全国人民代表大会常务委员会办公厅编：《全国人民代表大会及其常务委员会大事记（1954—2014）》，中国民主法制出版社 2014 年版。

61. 王元成：《全国人大代表政治行为研究——以笔者的亲身经历为例》，法律出版社 2014 年版。

62. 周叶中：《代议制度比较研究（修订版）》，商务印书馆 2014 年版。

63. 全国人大常委会法制工作委员会国家法室编著：《中华人民共和国立法法释义》，法律出版社 2015 年版。

64. 林来梵：《宪法学讲义》，法律出版社 2015 年版。

65. 全国人大常委会办公厅、中共中央文献研究室编：《人民代表大会制度重要文献选编》,中国民主法制出版社2015年版。

66. [美]菲利普·诺顿:《英国议会政治》,严行健译,法律出版社2016年版。

67. 窦树华、郭振华主编:《全国人民代表大会年鉴》(2015年卷),中国民主法制出版社2016年版。

68. 景跃进、陈明明、肖滨主编:《当代中国政府与政治》,中国人民大学出版社2016年版。

69. 刘松山:《中国立法问题研究》,知识产权出版社2016年版。

70. 田侠:《党领导立法的实证研究——以北京市人大及其常委会为例》,中国社会科学出版社2016年版。

71. 阎小骏:《当代政治学十讲》,中国社会科学出版社2016年版。

72. [美]阿伦·利普哈特:《民主的模式——36个国家的政府形式与政府绩效》(第2版),陈崎译,上海人民出版社2017年版。

73. [英]罗伯特·罗杰斯、罗德里·沃尔特斯:《议会如何工作》,谷意译,广西师范大学出版社2017年版。

74. [美]马克·图什内特:《比较宪法高阶导论》,郑海平译,中国政法大学出版社2017年版。

75. 郭振华主编:《全国人民代表大会年鉴》(2016年卷),中国民主法制出版社2017年版。

76. 李克杰:《中国"基本法律"的体系化和科学化研究》,法律出版社2017年版。

77. 阚珂:《人民代表大会那些事》,法律出版社2017年版。

78. 《吴邦国论人大工作》,人民出版社2017年版。

79. 徐向华主编:《立法学教程》(第2版),北京大学出版社

2017 年版。

80. 谢勇、肖北庚、吴秋菊主编:《立法权配置与运行实证研究》,民主与建设出版社 2018 年版。

81. 中共中央党史和文献研究室编:《十八大以来重要文献选编》,中央文献出版社 2018 年版。

82. [美]伍德罗·威尔逊:《国会政体:美国政治研究》,黄泽萱译,译林出版社 2019 年版。

83. 阚珂:《人民代表大会说不尽的那些事》,中国民主法制出版社 2023 年版。

84. 肖蔚云:《我国现行宪法的诞生》,北京大学出版社 2024 年版。

85. 冯玉军主编:《新〈立法法〉条文精解与适用指引》,法律出版社 2024 年版。

86. 《李鹏文集》,人民出版社 2024 年版。

87. 全国人大常委会法制工作委员会立法规划室编:《中华人民共和国立法法统计——2023 年版》,中国民主法制出版社 2024 年版。

二、论文

1. 董璠舆:《论日本国会的立法程序》,载《外国问题研究》1982 年第 4 期。

2. 阚珂:《全国人民代表大会代表名额确定依据探讨》,载《政治学研究》1987 年第 5 期。

3. 周伟:《人民代表大会专门委员会之法律地位探讨》,载《社会主义研究》1993 年第 1 期。

4. 朱苏力:《制度是如何形成的?——关于马歇尔诉麦迪逊案

的故事》,载《比较法研究》1998年第1期。

5. 贾义猛、刚威:《试论"复合一院制":现代代议机构院制理论与中国人大院制结构的现实选择》,载《南开大学法政学院学术论丛》1999年卷。

6. 黎晓武:《论加强全国人大常委会委员的立法作用》,载《法律科学(西北政法学院学报)》1999年第2期。

7. 封丽霞:《论全国人大常委会立法》,载周旺生主编:《立法研究》(第1卷),法律出版社2000年版。

8. 周伟:《全国人大增设专门委员会问题探讨》,载《河北法学》2000年第1期。

9. 蔡定剑:《20年人大立法的发展及历史性转变》,载《国家行政学院学报》2000年第5期。

10. 周旺生:《中国立法五十年(上)——1949—1999年中国立法检视》,载《法制与社会发展》2000年第5期。

11. 徐向华、林彦:《我国〈立法法〉的成功和不足》,载《法学》2000年第6期。

12. 韩丽:《中国立法过程中的非正式规则》,载《战略与管理》2001年第5期。

13. 周伟:《近代立法机关委员会产生的原因探讨》,载《西南交通大学学报(社会科学版)》2002年第1期。

14. 周永坤:《法治视角下的立法法——立法法若干不足之评析》,载《法学评论》2001年第2期。

15. 林彦:《基本法律修改权失范及原因探析》,载《法学》2002年第7期。

16. 陈金钊:《法学的特点与研究的转向》,载《求是学刊》2003年第2期。

17. 韩大元、刘松山:《宪法文本中"基本法律"的实证分析》,载《法学》2003 年第 4 期。

18. 周旺生:《论全国人大的立法运作制度》,载《法治论丛》2003 年第 3 期。

19. 周旺生:《再论全国人大立法运作制度》,载《求是学刊》2003 年第 4 期。

20. 周伟:《立法机关委员会管辖比较》,载《人大研究》2003 年第 6 期。

21. 刘政:《历史上关于一院制还是两院制的争论和实践》,载《山东人大工作》2004 年第 1 期。

22. 章乘光:《全国人大及其常委会立法权限关系检讨》,载《华东政法学院学报》2004 年第 3 期。

23. 朱应平:《论人大规模、结构及其重构》,载《华东政法学院学报》2004 年第 3 期。

24. 赵晓力:《司法过程与民主过程》,载《法学研究》2004 年第 4 期。

25. 周伟:《全国人大法律委员会统一审议法律草案立法程序之改革》,载《法律科学(西北政法学院学报)》2004 年第 5 期。

26. 许崇德:《地方人大常委会的设立及其变迁》,载《政法论坛》2004 年第 6 期。

27. 蔡定剑:《论人民代表大会制度的改革和完善》,载《政法论坛》2004 年第 6 期。

28. 张执中:《从"依法治国"到"有限政府"?——中国法制道路的路径依循分析》,载《东亚研究》2005 年第 2 期。

29. 封丽霞:《执政党与人大立法关系的定位——从"领导党"向"执政党"转变的立法学阐释》,载《法学家》2005 年第 5 期。

30.《落实中共中央转发〈若干意见〉通知精神　全国人大常委会办公厅出台5个相关工作文件》，载《中国人大》2005年第12期。

31. 韩大元:《由〈物权法(草案)〉的争论想到的若干宪法问题》，载《法学》2006年第3期。

32. 童之伟:《〈物权法(草案)〉该如何通过宪法之门——评一封公开信引起的违宪与合宪之争》，载《法学》2006年第3期。

33. 童之伟:《再论物权法草案中的宪法问题及其解决路径》，载《法学》2006年第7期。

34. 郝铁川:《〈物权法(草案)〉"违宪"问题之我见》，载《法学》2006年第8期。

35. 姜峰:《对选举法"四分之一条款"及其代表制理论的追问:一个不同于平等论的视角》，载《中外法学》2007年第4期。

36. 童之伟:《中国30年来的宪法学教学与研究》，载《法律科学(西北政法学院学报)》2007年第6期。

37. 姜峰:《自由与权力:如何超越零和博弈？——〈权利的成本〉读后》，载《北大法律评论》2008年第1期。

38. 喻中:《从立法中心主义转向司法中心主义？——关于几种"中心主义"研究范式的反思、延伸与比较》，载《法商研究》2008年第1期。

39. 薛佐文:《对立法权限度的法理思考——专论全国人大与全国人大常委会的立法权限》，载《河北法学》2008年第2期。

40. 韩大元:《全国人大常委会新法能否优于全国人大旧法》，载《法学》2008年第10期。

41. 黄卉:《"一切意外都源于各就各位"——从立法主义到法律适用主义》，载《读书》2008年第11期。

42. 陈斯喜:《十大事件:见证三十年立法工作辉煌历程》，载

《中国人大》2008 年第 20 期。

43. 刘松山:《国家立法三十年的回顾与展望》,载《中国法学》2009 年第 1 期。

44. 冀业:《全国人大委员长会议组织与权力运作研究》,北京大学 2009 年硕士学位论文。

45. 夏莉娜:《新时期的立法从这里起步——全国人大常委会法制工作委员会三十年剪影》,载《中国人大》2009 年第 1 期。

46. 豆星星:《〈铁路法〉第 58 条与〈民法通则〉第 123 条的冲突与适用》,载《河南工业大学学报(社会科学版)》2009 年第 2 期。

47. 林尚立:《在有效性中累积合法性:中国政治发展的路径选择》,载《复旦学报(社会科学版)》2009 年第 2 期。

48. 刘家海:《论〈道路交通安全法〉与〈行政处罚法〉的抵触》,载《法治论丛(上海政法学院学报)》2009 年第 3 期。

49. 林彦:《从自我创设,到政治惯例,到法定权力——全国人大常委会执法检查权的确立过程》,载《清华法学》2009 年第 3 期。

50. 夏莉娜:《王汉斌回忆法制委员会与法工委建立的前后》,载《中国人大》2009 年第 3 期。

51. 周伟:《论全国人大及其常委会组成人员的专职化》,载《江苏行政学院学报》2009 年第 5 期。

52. 童之伟:《两院制不宜与多党轮流执政等相提并论》,载《法治论丛(上海政法学院学报)》2009 年第 6 期。

53. 浦兴祖:《人大"一院双层"结构的有效拓展——纪念县级以上地方各级人大常委会设立 30 周年》,载《探索与争鸣》2009 年第 12 期。

54. 姜峰:《违宪审查:一根救命的稻草?》,载《政法论坛》2010 年第 1 期。

55. 陈斯喜:《新中国立法 60 年回顾与展望》,载《法治论丛》2010 年第 2 期。

56. 姜峰:《权利宪法化的隐忧——以社会权为中心的思考》,载《清华法学》2010 年第 5 期。

57. 王竹:《〈侵权责任法〉立法程序的合宪性解释——兼论"民法典"起草过程中的宪法意识》,载《法学》2010 年第 5 期。

58. 何俊志:《新中国人大制度演进的三个阶段》,载《探索与争鸣》2010 年第 12 期。

59. 姜峰:《多数决、多数人暴政与宪法权利——兼议现代立宪主义的基本属性》,载《法学论坛》2011 年第 1 期。

60. 林彦:《再论全国人大常委会的基本法律修改权》,载《法学家》2011 年第 1 期。

61. 吴邦国:《形成中国特色社会主义法律体系的重大意义和基本经验》,载《求是》2011 年第 3 期。

62. [日] 冈田信弘、于宪会:《议院内阁制·政权更替·国会运营——围绕日本国会审议、决定程序的诸问题》,载《甘肃政法学院学报》2012 年第 2 期。

63. 胡弘弘:《论人大代表提案权的有效行使》,载《法学》2012 年第 5 期。

64. 牟宪魁:《为什么是两院制?——日本立法过程论的课题与展望》,载《甘肃政法学院学报》2012 年第 2 期。

65. 马岭:《委员长会议之设置和权限探讨》,载《法学》2012 年第 5 期。

66. 焦洪昌:《从国家机构的四个维度看中国社会 30 年之变迁》,载《四川大学学报(哲学社会科学版)》2012 年第 6 期。

67. 沈寿文:《中国立法机关与司法机关之法治化方向——立

法机关与司法机关之"去行政化"》，载《云南大学学报(法学版)》2012年第6期。

68. 谢维雁、段鸿斌:《论修宪建议——纪念1982年〈宪法〉颁布30周年》，载《现代法学》2012年第6期。

69. 刘乐明:《全国人大专门委员会委员结构及其问题研究——基于十一届全国人大专门委员会271名委员的统计分析》，载《人大研究》2012年第12期。

70. 傅郁林:《法学研究方法由立法论向解释论的转型》，载《中外法学》2013年第1期。

71. 何力:《论〈涉外民事关系法律适用法〉与〈民法通则〉的关系》，载《政法论丛》2013年第2期。

72. 林彦:《通过立法发展宪法——兼论宪法发展程序间的制度竞争》，载《清华法学》2013年第2期。

73. 梁存宁:《论"规划立法"模式的成功与不足——以全国人大常委会立法规划为研究对象》，载《人大研究》2013年第2期。

74. 沈寿文:《"基本法律"与"基本法律以外的其他法律"划分之反思》，载《北方法学》2013年第3期。

75.《中外法学》编辑部:《中国宪法学发展评价(2010—2011):基于期刊论文的分析》，载《中外法学》2013年第4期。

76. 韩大元:《论全国人民代表大会之宪法地位》，载《法学评论》2013年第6期。

77. 马岭:《中国〈立法法〉对委员长会议职权的规定》，载《学习与探索》2013年第8期。

78. 蒋劲松:《推进民主重在完善人大制度》，载《炎黄春秋》2013年第9期。

79. 朱景文:《关于完善我国立法机制的思考》，载《社会科学战线》2013年第10期。

80. 卢群星:《隐性立法者:中国立法工作者的作用及其正当性难题》,载《浙江大学学报(人文社会科学版)》2013年第2期。

81. 李样举、韩大元:《论宪法之下国家立法具体化功能的实现》,载《厦门大学学报(哲学社会科学版)》2013年第3期。

82. 张紧跟:《科层制还是民主制?——改革年代全国人大制度化的内在逻辑》,载《复旦学报(社会科学版)》2013年第5期。

83. 王伟:《全国人大常委会立法的法律位阶探析》,载《东北大学学报(社会科学版)》2014年第2期。

84. 林彦:《劳动教养是法定制度吗?——兼论立法体制的宪法构建》,载《交大法学》2014年第3期。

85. 李克杰:《中国"基本法律"概念的流变及其规范化》,载《甘肃政法学院学报》2014年第3期。

86. 杨宗科:《论〈国家安全法〉的基本法律属性》,载《比较法研究》2019年第4期。

87. 周雪光:《从"黄宗羲定律"到帝国的逻辑:中国国家治理逻辑的历史线索》,载《开放时代》2014年第4期。

88. 包刚升:《民主转型中的宪法工程学:一个理论框架》,载《开放时代》2014年第5期。

89. 易有禄:《全国人大常委会基本法律修改权行使的实证分析》,载《清华法学》2014年第5期。

90. 王竹:《以"非基本法律法典化模式"编纂民法典的立法程序——一种"实用主义思路"的合宪性思考》,载《中外法学》2014年第6期。

91. 庞凌:《论地方人大与其常委会立法权限的合理划分》,载《法学》2014年第9期。

92. 刘松山:《立法规划之淡化与反思》,载《政治与法律》2014年第12期。

93. 蒋劲松:《代议会期制度探究》,载《法商研究》2015年第1期。

94. 林彦:《法律询问答复制度的去留》,载《华东政法大学学报》2015年第1期。

95. 武增:《2015年〈立法法〉修改背景和主要内容解读》,载《中国法律评论》2015年第1期。

96. 马岭:《全国人大常委会委员长会议的扩权现象研究》,载《江汉学术》2015年第4期。

97.《中外法学》编辑部:《中国宪法学发展评价(2012—2013):基于期刊论文的分析》,载《中外法学》2015年第4期。

98. 徐向华、林彦:《〈立法法〉修正案评析》,载《交大法学》2015年第4期。

99. 魏姝:《从组织渗透到多元化策略:执政党对人大的领导与控制方法研究》,载《江苏行政学院学报》2015年第4期。

100. 王理万:《中国外交分权体系下的议会外交》,载《世界经济与政治》2015年第11期。

101. 韩大元:《中国宪法学研究三十年(1985—2015)》,载《法制与社会发展》2016年第1期。

102. 孙力:《制度选择中的交融:比较视野下的中国人大》,载《理论与改革》2016年第3期。

103. 秦前红、刘怡达:《全国人大常委会基本法律修改权之实证研究——以刑法修正案为样本的统计学分析》,载《华东政法大学学报》2016年第4期。

104. 李克杰:《我国狭义法律类型化的困局与化解》,载《东方法学》2016 年第 6 期。

105. 林彦:《合作型联邦制:执法检查对央地关系的形塑》,载《中外法学》2017 年第 4 期。

106. 王理万:《立法官僚化:理解中国立法过程的新视角》,载《中国法律评论》2016 年第 2 期。

107. 刘宝辉:《从代表专职化改革谈人民代表大会制度的完善》,载《河北法学》2016 年第 11 期。

108. 褚宸舸:《全国人大常委会法工委职能之商榷》,载《中国法律评论》2017 年第 1 期。

109. 潘国红:《人大行政化:表现·影响·矫治》,载《中共云南省委党校学报》2017 年第 1 期。

110. 邢斌文:《全国人大代表如何推动民法典工程——基于〈全国人大常委会公报〉(1983—2015)的实证分析》,载《西部法学评论》2017 年第 1 期。

111. 邢斌文:《全国人大代表立法提案的实证研究——基于〈全国人大常委会公报〉(1983—2015)》,载《行政法论丛》2017 年第 1 卷。

112. 沈寿文:《"分工型"立法体制与地方实验性立法的困境——以〈云南省国家公园管理条例〉为例》,载《法学杂志》2017 年第 1 期。

113. 王旭:《国家监察机构设置的宪法学思考》,载《中国政法大学学报》2017 年第 5 期。

114. 刘怡达:《隐性立法解释:"法律释义"的功能及其正当性难题》,载《政治与法律》2017 年第 8 期。

115. 刘振磊:《论设区的市地方立法权限划分——从地方立法实践的角度》,载《人大研究》2017 年第 9 期。

116. 孔德王:《"基本法律"研究的现状与展望》,载《人大研究》2017 年第 11 期。

117. 赵谦:《内部治理与履职激励、监察:人大常委会委员任职的规范"三题"》,载《政治与法律》2017 年第 12 期。

118. 林彦:《从来自地方,到代表地方:全国人大常委会应适度引入地域代表制》,载《中国法律评论》2018 年第 1 期。

119. 张翔:《中国国家机构教义学的展开》,载《中国法律评论》2018 年第 1 期。

120. 赵一单:《论基本法律的程序性判断机制》,载《政治与法律》2018 年第 1 期。

121. 钱坤、张翔:《从议行合一到合理分工:我国国家权力配置原则的历史解释》,载《国家检察官学院学报》2018 年第 1 期。

122. 刘松山:《人大主导立法的几个重要问题》,载《政治与法律》2018 年第 2 期。

123. 赵一单:《全国人大专门委员会立法职能中的双重制约结构》,载《财经法学》2018 年第 2 期。

124. 张翔:《我国国家权力配置原则的功能主义解释》,载《中外法学》2018 年第 2 期。

125. 朱宁宁:《立法工作最新规范发布:涉重大利益调整将论证咨询争议较大将引入第三方评估》,载《中国人大》2018 年第 3 期。

126. 张翔:《国家权力配置的功能适当原则——以德国法为中心》,载《比较法研究》2018 年第 3 期。

127. 林彦:《法规审查制度运行的双重悖论》,载《中外法学》2018 年第 4 期。

128. 林彦:《国家权力的横向配置结构》,载《法学家》2018 年第 5 期。

129. 胡健：《改革开放四十年国家立法》，载《地方立法研究》2018 年第 6 期。

130. 于文豪：《宪法和法律委员会合宪性审查职责的展开》，载《中国法学》2018 年第 6 期。

131. 宋方青、王翔：《论我国人大立法审议机制的功能与优化》，载《厦门大学学报（哲学社会科学版）》2018 年第 6 期。

132. 栗战书：《以新担当新作为书写新时代立法工作新篇章——在全国人大常委会立法工作会议上的讲话》，载《中国人大》2018 年第 18 期。

133.《十三届全国人大常委会立法规划（共 116 件）》，载《中国人大》2018 年第 18 期。

134.《全国人大常委会法工委副主任许安标就十三届全国人大常委会立法规划答记者问》，载《中国人大》2018 年第 18 期。

135. 黄明涛：《"最高国家权力机关"的权力边界》，载《中国法学》2019 年第 1 期。

136. 张翔：《"合宪性审查时代"的宪法学：基础与前瞻》，载《环球法律评论》2019 年第 2 期。

137. 蒋清华：《支持型监督：中国人大监督的特色及调适——以全国人大常委会备案审查为例》，载《中国法律评论》2019 年第 4 期。

138. 孔德王：《议程设置视角下的立法规划》，载《人大研究》2019 年第 5 期。

139. 邢斌文：《全国人大财政经济委员会预算监督功能的实证考察》，载《财经法学》2019 年第 5 期。

140. 王旭：《作为国家机构原则的民主集中制》，载《中国社会科学》2019 年第 8 期。

141. 黄宇菲:《人大"专职委员"概念辨析》,载《人大研究》2020 年第 11 期。

142. 曲頔:《全国人民代表大会授权常务委员会行使相关职权研究》,载《中国法律评论》2021 年第 2 期。

143. 田雷:《奠定"法制建设的基础"——"八二宪法"与五届全国人大的历史行程》,载《地方立法研究》2021 年第 6 期。

144. 秦前红、崔德旗:《论十八大以来全国人大常委会的宪制功能变迁——纪念"八二宪法"颁布实施四十周年》,载《法治现代化研究》2022 年第 2 期。

145. 习近平:《在中央人大工作会议上的讲话》,载《求是》2022 年第 5 期。

146. 王理万:《论全国人大作为"四个机关"》,载《政治与法律》2022 年第 11 期。

147. 林彦:《传统续造:基本法律修改权的创制》,载《清华法学》2023 年第 1 期。

148. 訚然:《地方立法统计分析报告:2022 年度》,载《地方立法研究》2023 年第 1 期。

149. 田雷、邢斌文、孔德王等:《彭真与社会主义法制的历史研究(笔谈)》,载《地方立法研究》2023 年第 2 期。

150. 童卫东:《新〈立法法〉的时代背景与内容解读》,载《中国法律评论》2023 年第 2 期。

151. 林彦:《全国人民代表大会:制度稳定型权力机关》,载《中外法学》2023 年第 3 期。

152. 刘怡达:《论全国人大的基本法律修改权》,载《环球法律评论》2023 年第 5 期。

153.黄忠:《从民事基本法律到基础性法律:民法典地位论》,载《法学研究》2023 年第 6 期。

154.钱坤:《论全国人大授权其常委会制定法律的基础和界限》,载《环球法律评论》2024 年第 2 期。

三、报纸

1.浦兴祖:《我不赞成人大代表全员"专职化"》,载《北京日报》2011 年 8 月 22 日,第 19 版。

2.《中共中央关于全面推进依法治国若干重大问题的决定》,载《人民日报》2014 年 10 月 29 日,第 1 版。

3.毛磊、张洋:《张德江主持召开第五十一次委员长会议》,载《人民日报》2015 年 7 月 2 日,第 4 版。

4.魏哲哲:《让想做善事的人更方便》,载《人民日报》2016 年 3 月 21 日,第 11 版。

5.习近平:《决胜全面建成小康社会 夺取新时代中国特色社会主义伟大胜利——在中国共产党第十九次全国代表大会上的报告》,载《人民日报》2017 年 10 月 28 日,第 1 版。

6.《中共中央印发〈深化党和国家机构改革方案〉》,载《人民日报》2018 年 3 月 22 日,第 1 版。

7.王比学:《栗战书主持召开第四十次委员长会议》,载《人民日报》2019 年 9 月 18 日,第 4 版。

8.《法治中国建设规划(2020—2025 年)》,载《人民日报》2021 年 1 月 11 日,第 1 版。

9.习近平:《高举中国特色社会主义伟大旗帜 为全面建设社会主义现代化国家而团结奋斗——在中国共产党第二十次全国代表大会上的报告》,载《人民日报》2022 年 10 月 26 日,第 1 版。

10. 黄庆畅:《全国人大常委会法工委有关负责人就十四届全国人大常委会立法规划答记者问》,载《人民日报》2023年9月8日,第4版。

11. 习近平:《在庆祝全国人民代表大会成立70周年大会上的讲话》,载《人民日报》2024年9月15日,第2版。

四、网络资料

1.《现行有效法律目录(303件)》,载中国人大网,http://www.npc.gov.cn/npc/c2/c30834/202409/t20240920_439778.html。

后　记

多年前，我曾在央视体育频道看到过雪佛兰一款车的广告。电视画面里一辆雪佛兰穿越各种环境和路况，锐意向前，奔往世界尽头。搭配这一画面的广告词至今仍印在我脑海之中，那就是"热爱能走多远"。这句鸡汤味的广告词不知为何久久不散，而且每当我深陷泥沼、左右徘徊之时就会冒出来，督促我反复追问自己，热爱究竟能走多远？

2014年，在导师谢维雁教授的指导下，我写出了人生中的第一篇论文并公开发表。对于一个硕士生来说，能有这样的成果自然值得开心，而且为此导师和我都付出了不小的心力。但在获得不少称赞——口头夸奖以及物质奖励的同时，我其实还有一丝疑惑，而且内心深处成就感并不强。因为与当时乱翻过的杂七杂八的各类论著相比，那篇文章似乎存在不小的差距，尽管那时仍在学术的大门口张望的我，并不能准确说出差距究竟在哪里。

在图书馆探索之旅的平常一天,偶然在书架上翻到了一本孙哲所著但却是翻译过来的书。快速读完这本书之后,我发觉它与此前读过的国内法学界的同类著作差别很大,不管是资料来源还是分析框架,都有耳目一新之感。我在网上迅速下单买了一本,好勾勾画画,标记自己的感想。我有一个阅读习惯,凡是自己买的、想长期保存的书,都会注明日期,偶尔还会写上一句两句当时所感。如今,那本书的扉页仍然有当时的笔迹,日期是 2014 年 1 月 16 日。从那以后,这本书成了我反复阅读的学术书籍之一,从中不仅学到很多细小的知识点,而且也越来越能体会到其中的妙处,并且在自己的研究里有意向它靠拢乃至"致敬"。

这本名为《全国人大制度研究》的书,实际上是孙哲在哥伦比亚大学师从著名中国研究专家黎安友攻读博士学位时完成的博士论文的中译本,探讨的主题则是 1979 年至 2000 年间全国人大制度的变迁。两位译者当时仍是复旦大学的学生,其中一位随后继续深耕人大制度,如今是政治学界研究人大制度的著名学者何俊志;而另一位也曾研究过人大制度,但慢慢追随孙哲的脚步,转向美国问题研究,也成长为该领域的著名学者。也就是说,这本书的两位译者都不同程度地与人大研究结缘。其实,作为读者的我,也因为乱翻书的机缘,踏上了研究人大之路。

按照国内的学科划分,《全国人大制度研究》一书应归入政治学,而包括全国人大制度在内的人大制度则是政治学和法学两个学科共同关注的主题。抛开人为划分的学科不谈,这本书的优长至今看来仍然不减:一是资料来源的广泛性,除了学术论文和著作,领导文集、报纸杂志、人物访谈、当事人回忆录等都在引用之列;二是学术写作的范式,全书以全国人大制度的变迁为主题,从变迁的宏观背景到变迁的具体细节再到变迁的理论阐释,一气呵成又环环相扣,在"骨髓"硬朗的同时"血肉"也很丰满;三是分析工具的多元,除了规范性的法律文本分析,这本书还借助比较立法学、新制度主义等现代社会科学理论解释全国人大的制度框架与运作细节。正是从这本书里,我第一次意识到原来"领导讲话"也可以用作参考资料,而"领导的作用"还可以提炼为制度成长的"精英视角";更重要的是,原来论文还可以这么写!这些现在看来明明白白、无甚新奇的东西,对于当时的我而言,不仅新鲜,而且震撼,将知识的魅力毫无保留地展露在我面前。同时,也正是这本书让我意识到,因为"理想与现实之间的差距"而被不断批评的人大制度所蕴含的很多深层信息,被饱含激情的批评遮蔽掉了。与此前零星看到的法学界的人大研究相比,这本书的魅力至今不减。

孙哲的研究截至2000年,那么之后的情况是什么?更进一步,我能不能跟进,继续观察全国人大制度的变迁或者不变?萌生此念之后,我下手搜罗材料,多方了解,一点一点收集相关著作和论文,不仅硕士论文以人大代表名额分配为题,而且一直延续到眼下的博士论文。可以说,正是孙哲的这本书引领我迈入了人大研究之门。

心生一念,谁曾想道路漫长。从硕士论文以人大为题开始,坎坷之感持续至今。这种曲折不止是研究上的,也交织着个人际遇的高低起伏。那时我既是学术之门外的徘徊者,更是不知世事的少年人,只知道追寻,却不清楚学术研究、人生经历等大问题究竟意味着什么。而今回看,感慨万千。

人大研究长期以来都是宪法学领域的冷门,与合宪性审查的持续高温形成鲜明反差。老一辈的人大研究者大多都有实务部门工作经历,他们的所思所想为我们了解和研究人大打下了基础,但是在老一辈研究者之后,尤其是蔡定剑先生故去之后,不仅跟进者寥寥,而且研究进展也不明显。造成这一状况的原因有很多,人大本身的公开性不足、一些话题的敏感性太高以及宪法学界的注意力分配都导致这一领域的发展并不容易。林来梵曾自嘲,宪法学研究者是一群"绿原上啃枯草的动物"。照此来看,人大研究者的寂寞之感可能更甚。

因为种种原因,我完成的第一篇研究人大制度细节的论文尽管得到了一些公开认可,但至今仍"躺在"电脑里,无人问津。实际上,那篇文章所探讨的委员长会议的实际影响力,就是在向孙哲靠拢,试图在时间上跟进观察全国人大组织结构的变迁并期望能从细节上推进。另外,这篇处女作也是我第一次尝试借助社科理论工具分析问题,尽管只是用了"议程设置"这么一个简单的视角和概念,但从中感受到的"先进理论武器"的威力却十分之强。

满心期待,却发表遇冷。这带来的打击很大,差不多有半年时间做事情提不起劲,仿佛丧失了热情。山重水复之间,柳暗花又明。有一天在宿舍读到了一篇研究宪法文本的论文,其中涉及宪法修正案的一些技术细节。印象中,此前在别处看到过刑法修正案与宪法修正案并不一致。详细比较之后发现,同为法律修正案,宪法修正案和刑法修正案的诸多特征并不相同,但面临的问题却有共同之处。于是与博士同学谈起,感觉其中有一些值得深究的问题。从动笔到初稿完成大约只用了一周时间,我将视角定位到之前并未引起重视的技术瑕疵。这篇名为《论作为法律修改方式的法律修正案》的论文最终得以发表,完成了一篇资格论文。幸运的是,当时恰逢现行宪法的第五次修改,这篇并没有想要凑热闹的文章却意外地"赶上了趟",被人大复印资料全文转载。

在正向激励的刺激下,我进一步集中精力分析广义的法律修改,并且有意选择立法技术这一微观路径切入,连续发表了三篇论文。其中一篇还幸运地入选了《新华文摘》的报刊文章篇目辑览栏目。相比此前研究基本法律和委员长会议两篇文章的遇冷,偶然涉猎的立法技术研究得到的反馈实在出乎意料。但心心念念的东西始终不愿意就此搁下,探讨更重要立法制度的执念仍埋在心底。这篇博士论文除了让我获得学位之外,更多的是想给自己一个交代。其实,本文研究综述部分就是我博士期间发表的基本法律研究述评的扩展版,而对全国人大常委会组织结构的分析也融入了此前那篇"不见天日"的文章的一些材料和思路。更重要的是,借此机会,我能够继续尝试用社会科学的理论视角和概念工具来分析国家立法权配置的制度变迁。尽管从材料收集到分析框架再到理论解释都存在大大小小的问题,还需日后继续改进,但至少一个心愿落地,没有那么遗憾了。

马克斯·韦伯曾说过,大意是,做学术是一场冒险或者赌博,运气是一个重要因素。前面详细地袒露"心路历程",恰好印证了韦伯所言不虚,努力,好运或歹运,都是这场"学问的冒险"的一部分。在这一百感交集的旅程中,我首先要感谢导师谢维雁教授,是他一路走来给予我继续冒险的机会和必要的指导。还要感谢李成老师、邹奕老师、范继增老师,与他们的交流总能使我受益。感谢编辑苏雪梅,没有她的抬爱,我不知何时才能达到"毕业资格"。感谢同门王珂博士、江林博士,同窗叶燕杰博士、李振贤博士、张晓彤博士、陈慧博士、张志华博士、张洪亮博士,师姐安琪博士和师弟陈泊舟,他们承受了我很多日常的"负能量",而他们的友谊则为我带来更多的"正能量"。

孔子说,益者三友,友直友谅友多闻。这一路上,很多益友伴我同行。特别感谢四川大学法学院诉讼法专业郭松老师。虽不是一个专业,更未投入门下学习,但与他亦师亦友。他的论著让我找到了学习的榜样,他耐心地忍受了我很多次的骚扰,而他的深厚学养总是能一针见血地解答我的疑惑。特别感谢同行吉林大学助理研究员邢斌文,他的研究成果和无私分享,尽管隔着天南海北,仍惠我良多。特别感谢如今远在美国求学的老友钟洋,他是我入川之后结识的第一个朋友,我们的友谊持续至今。特别感谢高三班主任秦望老师,他的勤奋、博学和日常关照,总是激励我生命不息,继续向前。特别感谢杨卓和甘剑新、胡泸和薛晓彤、谭江和刘平、杨书刚、陈信安、陈了等老同学,与他们的相识为我提供了温暖的临时落脚点。特别感谢素未谋面的"豆友"农智杰,慷慨地分享研究资料。

最后,我要对父母说一声谢谢。没有他们无声的支持和默默的付出,我恐怕既没有机会也没有勇气踏上这条"风险高、回报低"的冒险之旅。看到他们日渐老去的面容,我总有说不出的愧疚。最后的最后,我要感谢我的女朋友、未来的家人甘婷。她的出现,她的贴心与温柔,让一个漂浮着的人有了归属之感。有她在,我们一起迎着四川盆地的阴雨、晴空和雾霾,迎着命运,迈开步子,继续开拔。

以上皆是过往,留存权当一页微不足道的个人记录。

2020 年 3 月 10 日于济源家中
2024 年 10 月 22 日改于成都家中